ちくま新書

中世史講義

高橋典幸 編
Takahashi Noriyuki

1485

中世史講義 戦乱篇【目次】

凡例

＊各講末の「さらに詳しく知るための参考文献」に掲載されている文献については、本文中では（著者名　発表年）という形で略記した。
＊表記については原則として新字体を用い、引用史料の旧仮名遣いはそのままとする。

はじめに

高橋典幸

本書は、二〇一九年一月刊行の『中世史講義』の続篇として編まれたものである。『中世史講義』では、日本の中世という時代の魅力を最新の研究成果でわかりやすく伝えることを企図して、政治・経済・社会・宗教・文化・海外との交流など幅広いテーマを取りあげた。それに対して本書では、戦乱という一つの切り口から日本中世の特徴を掘り下げてみることを意図している。

中世という時代は戦乱・戦いとは切っても切れない関係にある。いや、むしろ日本中世は「戦乱の時代」といっても過言ではないだろう。人びとの関心も早くから、そうした戦乱や戦いに向けられてきた。『平家物語』や『太平記』といったすぐれた軍記物が生み出されてきたのは、そのことをよく示している。これらの文学作品からは、戦乱そのものに対する関心ばかりではなく、いま自分たちの置かれた時代や社会の成り立ちを過去の戦乱に求めようとする先人たちの意識・姿勢を読みとることができよう。

歴史学の分野でも戦乱・戦争を扱った研究は早くから行われていたが、その多くは合戦研究にとどまり、個々の戦争の経過や戦術・戦略の分析に傾きがちであった。またそもそも中世は「戦乱の時代」であることが大前提とされたため、戦乱や戦争そのものが研究対象となることもまれであった。実は日本史学の分野では、戦乱・戦争に対する関心は必ずしも高くはなかったのである。

しかし、そうした研究状況は一九八〇年代以降、おおいにあらたまりつつある。たとえば戦うためには武器が必要である。また兵隊も集めなければならないし、兵粮も必要になる。こうした人やモノを動員するための仕組みはどうなっていたのだろうか。これは当時の政治や社会のあり方と密接に関わっていたはずである。また戦いに動員された人びとは一方的に戦争に巻き込まれていっただけなのだろうか、彼らなりの思惑もあったのではないだろうか。とすると、戦いは敵味方の勝敗とは別の結果も政治や社会にもたらしたのではないだろうか。近年は、こうしたさまざまな角度から戦乱・戦争が論じられるようになっており、英雄たちの治乱興亡や「国盗り物語」にとどまらない、戦乱の姿が浮かび上がりつつあるのである。

本書はそうした研究成果を紹介しようとするものであるが、近年の戦乱・戦争研究の論点は多岐にわたっており、限られた紙数でそのすべてにふれることは難しい。また一口に戦乱・戦争といっても、中世にはさまざまなレベルの戦いが存在したことが明らかになっている。そこで、本書では対象を「政治権力をめぐる戦い」にしぼって十四の戦乱を取りあげることにした。どれも中世の諸段階を画する重要な事件であるが、中にはこれまで目や耳にしたことのない戦いも含まれていよう。近年の研究により新たに光があてられ、その意味や意義が明らかにされた成果である。もちろん誰でも知っているような「有名な」戦いも含まれているが、ご一読いただければ、そのイメージが一新されていることに気づかれるであろう。

いずれもその分野の最先端で活躍されている方々に執筆をお願いしたが、単なる戦乱史にとどまることなく、戦乱を切り口にした政治史叙述をめざしていただいた。本書全体から「もう一つの」日本中世政治史を読みとっていただけることを願っている。

第1講

保元・平治の乱

佐伯智広

†武者の世の幕開け

保元《ほうげん》の乱・平治《へいじ》の乱は、それぞれ、一一五六年（保元元）と一一五九年（平治元）に発生した戦乱である。保元の乱以後、日本は「ムサ（武者）ノ世」となってしまったという『愚管抄《ぐかんしょう》』の記述がよく知られているように、この二つの戦乱は、武士が政治に大きな影響力を持ち、軍事力が権力の行方を決することになる戦乱の時代の幕開けであった。

内容に入る前に、二つの戦乱に関する重要な相違点の一つを、先に説明しておこう。保元の乱の大きな特色は、摂関《せっかん》家の家司《けいし》（家政機関の職員）平信範《のぶのり》の日記『兵範記《へいはんき》』に、乱の経過に関する詳細な記録が残されていることである。以下、保元の乱に関する具体的な叙述は、特に断りのない限り、『兵範記』を根拠としている。

これに対し、平治の乱については、信頼のおける同時代史料が存在しない。このため、乱の経過については、軍記物語『平治物語』のほか、鎌倉時代初期に慈円《じえん》が著した歴史書『愚管抄』、貴族の日記の抄出と思われる『百錬抄《ひやくれんしよう》』、絵巻物『平治物語絵巻』などに頼らざるをえない。まずはこの点にご留意をいただきたい。

†保元の乱と皇位継承問題

保元の乱が生じたのは、一一五六年七月一一日のことである。この日の明け方、後白河《ごしらかわ》天皇方の軍勢は、崇徳院《すとくいん》の立て籠もる白河北殿を攻撃し、辰《たつ》の刻（午前八時頃）に、戦闘は後白河天皇方の勝利で終結した。戦闘そのものは、わずか数時間で終わったのである。

戦闘に至った直接のきっかけは、乱の九日前に、鳥羽院が亡くなったことであった。鳥羽院は、後白河天皇・崇徳院の父親であり、祖父白河院が一一二九年（大治《だいじ》四）に死去して以来、二七年の長きにわたって、院政を行っていた。最高権力者の死が、保元の乱という戦乱を引き起こしたのである。

ではなぜ、崇徳院は、父の死の直後に、弟である後白河天皇から攻撃を受けねばならなかったのか。事の発端は、鳥羽院政期の皇位継承問題にあった。

鳥羽院が院政を開始した当時の天皇は崇徳天皇であったが、一一四一年（永治《えいじ》元）、崇徳天皇は近衛天皇に譲位した。近衛天皇の父は鳥羽院、母は藤原得子《とくし》（美福門院《びふくもんいん》）であり、藤原璋子《しょうし》（待賢門院《たいけんもんいん》）所生の崇徳院とは異母兄弟であった。『愚管抄』は、崇徳院と近衛天皇には養子関係が設定され、「皇太子」に譲位する形式が取られるはずであったが、実際には「皇太弟」に譲位するとされたため、鳥羽院と崇徳院との関係が悪化したと伝えている。

一般に、院政は単に「天皇が譲位後も政治を行うこと」と理解されがちだが、厳密には、院が院政を行うためには、①現天皇が幼少である、②現天皇の直系尊属（父・祖父・曽祖父）である、という二つの条件がそろう必要があった。崇徳院は近衛天皇の直系尊属ではないから、仮に鳥羽院が死去しても、崇徳院は院政を行うことができない。

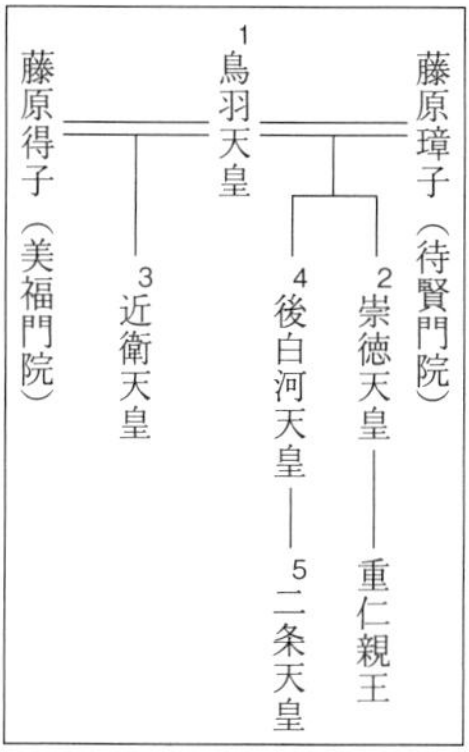

図1　天皇家系図（数字は即位順）

『愚管抄』の内容が事実であれば、鳥羽院は、近衛天皇を崇徳院の養子とすることで、崇徳院に将来の院政を保証して譲位の約束を取り付けておきながら、裏切って崇徳院の院政の可能性を否定した、ということになる。鳥羽院の行動の原因として、従来の研究で想定されたのは、崇徳院の本当の父親は白河院であり、鳥羽院は崇徳院を「叔父子《おじご》（形式上は子だが、実際の血縁上は叔父である、の意）」と呼んだという、説話集『古事談』に収められたエピソードであった（角田文衛『待賢門院璋子の生涯　椒庭秘抄《しょうていひしょう》』朝日新聞社、一九八五、初出一九七五）。

だが、近年、『古事談』のエピソードはデマである可能性が指摘されている（美川圭「崇徳院生誕問題の歴史的背景」『古代文化』五六―一〇、二〇〇四）。実際、崇徳院は近衛天皇の養父として遇されており、両者の養子関係は譲位の前後でも継続していて、崇徳院に対する鳥羽院の処遇にも変化がない（栗山圭子『中世王家の成立と院政』吉川弘文館、二〇一二、佐伯二〇一五）。このため、『愚管抄』の叙述の信ぴょう性について、近年の研究は否定的である。譲位が行われた理由は、崇徳天皇が成人し政務参加したことで、鳥羽院との間に政治的齟齬がしばしば生じたため、まだ幼少の近衛天皇と交代することで、院政の円滑化が図られたのであった。

†後白河天皇の即位

崇徳院と鳥羽院との関係が破綻したのは、実際には、一一五五年（久寿《きゅうじゅ》二）に近衛天皇が死去したことがきっかけである。近衛天皇には子がなかったため、誰が皇位を継承するのかが問題となったのであるが、その候補は、得子が養子に迎えていた、重仁《しげひと》親王と守仁《もりひと》王との二人であった。重仁は崇徳院の子、守仁は雅仁親王の子である。

重仁を選択すれば、将来的には、崇徳院が院政を行うことになる。崇徳院の母璋子は、鳥羽院の寵愛が得子に移ったのち、憂愁の内に一一四五年（久安元《きゅうあん》）亡くなっていた。崇徳院が院政を行うようになれば、立場が逆転し、得子が不遇をかこつことになるのは目に見えている。鳥羽院の意中の人は、守仁であった。

ところが、実際に即位したのは、守仁の父雅仁であった。この雅仁こそ、後白河天皇である。守仁が即位した場合、鳥羽院の死去時には若年の守仁が崇徳院と対さねばならず、後白河天皇は、守仁が一人立ちするまでの、いわば中継ぎのような存在であった。

後白河天皇が即位したもう一つの重要な要因は、鳥羽院の側近であった信西《しんぜい》が、後白河天皇の乳母の夫であったことである（橋本義彦『平安貴族社会の研究』吉川弘文館、一九七六）。信西は藤原氏でも摂関家とは別の血筋であり、家柄が低かったために少納言止まりで出家していたが、優れた学才によって鳥羽院に重用され、鳥羽院が死去した際の手配も信西が行った。『保元物語』によると、後白河天皇方の作戦指揮を行ったのも信西であった。

後白河天皇方では、すでに鳥羽院が亡くなる前月から、「崇徳院が左大臣藤原頼長《よりなが》と同心し謀反を企んでいる」という噂があることを理由に、鳥羽院の命によって武士たちが動員され、院御所である鳥羽殿や、後白河天皇の里内裏《さとだいり》である高松殿の警護が行われていた。

また、『愚管抄』によると、鳥羽院は、生前、源為義・平清盛ら北面の武士一〇名に、得子宛ての祭文《さいもん》（誓約書）を提出させていた。鳥羽院の死後、七月五日には、検非違使《けびいし》が動員され、京中で武士の取り締まりが行われている。

これに対し、崇徳院方では、乱二日前の七月九日に崇徳院が鳥羽田中殿を出て白河北殿に入り、頼長が宇治から白河北殿に入ったのが翌一〇日と、明らかに立ち遅れている。実際の状況は、崇徳院方が謀反を企んだというよりも、後白河天皇方が崇徳院方に圧力をかけ、挙兵に追い込んだのであった（元木二〇一二）。

†摂関家と保元の乱

こうして挙兵に追い込まれた崇徳院であるが、頼長が挙兵に加わった理由も、鳥羽院政期にすでに生じていた。頼長は、一一五〇年（久安六）に、摂関家の組織や財産を継承していたのである。

そもそも、当時の関白は頼長の異母兄忠通《ただみち》であったが、忠通には長く摂関家を継ぐべき子が生まれなかったため、二人の父である忠実《ただざね》の意向により、頼長が忠通の養子とされていた。ところが、一一四三年（康治《こうじ》二）に忠通の子基実《もとざね》が生まれると、忠通は頼長への関白譲渡を拒絶したため、忠実は忠通を義絶（親子の縁を切ること）し、忠通にすでに譲渡していた摂関家の組織や財産を奪い返して、頼長へと譲ったのである（元木泰雄『藤原忠実』

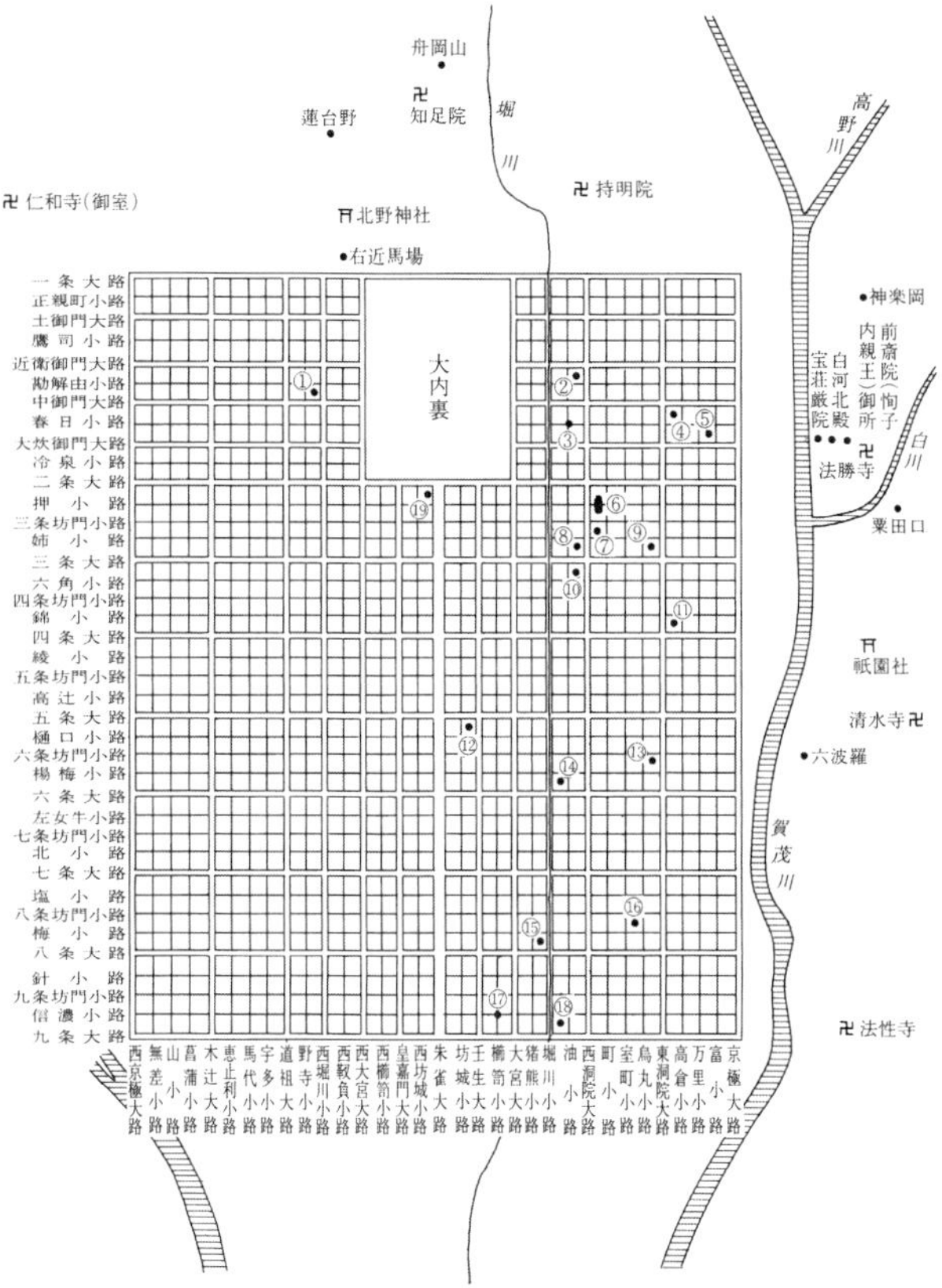

①西獄　②東獄　③高陽院　④崇徳院中御門東洞院御所　⑤大炊殿(式子内親王御所)
⑥東三条殿　⑦高松殿　⑧藤原信西邸　⑨三条殿(三条烏丸御所・東三条内裏)
⑩崇徳院御所　⑪東洞院殿(近衛天皇・二条天皇御所)
⑫藤原頼長邸(左大臣殿の五条壬生の宿所)　⑬藤原忠通邸　⑭源氏邸(為義・義朝宿所)
⑮藤原顕長邸　⑯美福門院御所　⑰東寺　⑱藤原伊通邸　⑲穀倉院

図2　洛中周辺図(『新日本古典文学大系43　保元物語　平治物語　承久記』(岩波書店、1992)

吉川弘文館、二〇〇〇)。ただし、関白の任免権は鳥羽院にあるため、関白を忠通から頼長に変更することは、忠実の意思だけでは不可能であった。そして、鳥羽院は、頼長を関白と同様の職掌を持つ内覧に任じたものの、関白には忠通を留めおいたのである。

崇徳院と近衛天皇の扱いといい、忠通と頼長の扱いといい、鳥羽院の政治方針は、貴族社会を分断し、各派の上に調停者として君臨するというものであった(元木二〇一二)。それは、鳥羽院の存命中は機能したが、近衛天皇と鳥羽院とが相次いで死去したことにより、蓄積された矛盾が爆発したのである。その爆発こそが、保元の乱であった。

†崇徳院方の動員兵力

忠実の意を受け、忠通の相続していた財産を接収したのは、忠実に臣従していた、源為義を筆頭とする武士たちであった。為義の率いる河内《かわち》源氏《げんじ》は、かつては地位・軍事力ともに武士の首位に立っていたが、一一〇八年(天仁《てんにん》元)為義の父義親《よしちか》が出雲国目代を殺害した罪で討たれるなど、院政期に入ると勢力が衰えたため、摂関家に臣従することで勢力回復を目指したのである(上横手雅敬「院政期の源氏」御家人制研究会編『御家人制の研究』吉川弘文館、一九八一)。摂関家も、荘園を維持・管理する上で、武士の力を必要としていた。

保元の乱における崇徳院方の兵力の中核もまた、為義をはじめとする摂関家に組織された武士たちであった（上横手一九八一）。先述の通り、為義は鳥羽院に対し祭文を提出していたが、為義はそれに背いてまで、崇徳院方に立ったのである。

こうした私的な主従関係などにより形成された集団は権門と呼ばれており、御家人制という主従関係によって形成された鎌倉幕府も、権門としての性格を有している。摂関家が権門化する以前であれば、崇徳院や頼長は政治的に失脚するにとどまり、戦乱が発生することはなかったであろう。権門の出現は、中世という新たな時代の大きな特徴の一つであり、保元の乱の発生は、まさにその表れであった。

ただし、動員された兵数は、為義勢一〇〇騎程度と、平忠正《ただまさ》・源頼憲《よりのり》勢が計一〇〇騎弱という少数であった（『保元物語』半井本）。このほか、戦闘には間に合わなかったものの、摂関家の氏寺である興福寺の悪僧と、各荘園の兵士の動員が計画されていたようである。

†後白河天皇方の動員兵力

一方、後白河天皇方の動員兵力は、天皇の命令によって公的に動員された武士たちによって構成されていた。当時、貴族としての位階や官職を得て、京都で活動した上層の武士たちは「京武者」と称されていたが（元木泰雄『武士の成立』吉川弘文館、一九九四）、京武者の大部分が、後白河天皇の命によって動員されたのである。その中核となったのは、平清盛・源義朝《よしとも》・源義康であった。

清盛の率いる伊勢平氏は、清盛の祖父正盛が源義親追討に起用されて以来、白河院・鳥羽院の二代にわたって、軍事力の中核を担ってきた。その勢力基盤は、先祖以来の伊勢・伊賀の所領の武士のほか、院の権力を背景に組織した西国の武士たちであった。保元の乱での動員兵力は三〇〇余騎である。

義朝は為義の長男であるが、摂関家の権威を背景に東国で活動したのち、父と対立して、東国で抗争を繰り広げていた。東国の荘園の寄進を通じて、義朝は鳥羽院やその妻得子へと接近したと考えられている（元木泰雄「源義朝論」『古代文化』五四－六、二〇〇二）。この結果、義朝は一一五三年（仁平《にんぺい》三）に下野守《しもつけのかみ》に任じられているが、これは、検非違使止まりであった父為義を凌ぐ昇進であった。保元の乱での動員兵力は二〇〇余騎である。

義康も河内源氏の生まれであり、乱当時は右衛門尉《うえもんのじょう》・検非違使に任じられていた。その本領は、義朝の任国である下野国の足利庄《あしかがのしょう》（栃木県足利市）であり、義康の子孫が、のちに室町幕府を開くこととなる足利氏である。また、義康の妻は藤原季範《すえのり》の養女（実際には季範の子範忠の娘）、義朝の妻も藤原季範の娘であり、義朝と義康とは義理の兄弟の関係にあった。こうした事情により、義康は義朝と行動をともにしていたと考えられている（元木二〇一二）。保元の乱での動員兵力は一〇〇余騎である。

これら計六〇〇余騎が、明け方に白河北殿へと攻撃軍として派遣され、さらに、源頼政（摂津源氏）・源重成（美濃源氏）・平信兼《のぶかね》（伊勢平氏傍流）が、第二陣として派遣された。兵力で上回った後白河天皇方が先制攻撃を行ったうえ、義朝が白河北殿に火を放ったことが決め手となり、合戦は後白河天皇方の勝利に終わったのである。

†敗者の処遇

乱の主要関係者の中で、戦闘によって死亡したのは、戦闘中に流れ矢に当たって三日後に死去した藤原頼長のみである。崇徳院や、頼長の息子たちをはじめとする貴族たちなど、戦闘に参加しなかった者は、死刑を免れ、流罪に処された。崇徳院は、帰京を許されることなく、一一六四年（長寛二）に、配流先の讃岐国で死去している。

また、頼長の父の忠実は、直接乱には関与しなかったが、乱後は知足院《ちそくいん》に幽閉された（『愚管抄』）。忠実によって組織されていた摂関家の武力は、乱によって壊滅した。摂関家領荘園のうち、頼長の有していた荘園二九カ所は没収され、後院領（天皇個人の所領）に編入された。忠通は後白河天皇から藤原氏の氏長者に任じられ、忠実の有していた摂関家領一〇〇余カ所も忠通に譲渡されたものの、摂関家の勢力は大きく低下したのである。

そして、崇徳院方で実際に戦闘を行った武士たちは、斬首に処された（処刑時に逃亡中であった源為朝を除く)。『保元物語』・『百錬抄』などは、これを八一〇年(弘仁《こうにん》元)平城上皇の変の際の藤原仲成《なかなり》処刑以来の死刑復活とするが、実際には仲成の射殺は国家的死刑とは言えない(上横手雅敬「「建永の法難」について」、同編『鎌倉時代の権力と制度』思文閣出版、二〇〇八)、国司による死刑などはこの間も行われていた(戸川点『平安時代の死刑』吉川弘文館、二〇一五)など、この間の状況は単純ではなかったことが、近年明らかにされている。とはいえ、こののちに死刑が一般化していくことは間違いない。

処刑の実行役は、源為義以下六人が源義朝、平忠正以下五人が平清盛、平家弘《いえひろ》以下七人が源義康であった。義朝は父為義の助命を嘆願したが聞き入れられず(『保元物語』)、「ヲヤ(親)ノクビ(首)切ツ」という世間の批判を受けた(『愚管抄』)。

†論功行賞

一方、勝者となった後白河天皇方の論功行賞では、まず、平清盛が安芸守《あきのかみ》から播磨守《はりまのかみ》に転任した。播磨守は、当時の受領の中では、伊予守《いよのかみ》と並ぶ最高級の地位であった(元木泰雄『院政期政治史研究』思文閣出版、一九九六)。加えて、清盛の弟教盛《のりもり》・頼盛は昇殿(殿上への出入り)を許され、息子基盛《もともり》が蔵人《くろうど》に任じられたのち従五位下に叙されており、一門の他の構成員も恩賞に預っている。

また、源義朝は、それまでの下野守に加えて、右馬権頭（右馬寮の第二位の官）に任じられたが、これを不満とした義朝の申請により、左馬頭《さまのかみ》（左馬寮《さまりょう》の長官）へと変更された。馬寮《めりょう》は、その名の通り朝廷に納められる馬を管理する役所であり、馬は武士にとって貴重な軍需物資であるから、その長官となることは願ってもない待遇である。

かつては、恩賞が清盛と比較して僅少であることを義朝が不満に思ったとされてきた。しかし、清盛の兄弟は乱以前からすでに受領となっていた上に、乱でも清盛と行動をともにして勲功を挙げたが、義朝の場合は、一門のほとんどが崇徳院方に付いたという点で、そもそも状況に大きな差があり、恩賞の差は合理的なものであった（元木二〇一二）。

加えて、源義康も、蔵人に任じられたのち、従五位下に叙されている。ただし、義康は翌一一五七年（保元二）に死去しており、義朝にとっては大きな痛手となった。

†平治の乱までの三年間

保元の乱から平治の乱までの三年間のできごとで、平治の乱を考える上で重要な要素は、第一に、一一五八年（保元三）後白河天皇から皇太子守仁親王（二条天皇）への譲位が行われたことである。先述の通り、後白河院は二条天皇への中継ぎ的存在であり、本来の皇位継承者である二条天皇への将来的な権力の移行は、既定路線であった。

第二に、信西が政治的実権を握ったことである。この間の朝廷は、現在の研究では「信西政権」と称されるほどの状況であった(五味文彦『平家物語、史と説話』平凡社、二〇一一、初出一九八七)。

第三に、信西の子どもたちの急激な昇進である。まず、長男藤原俊憲《としのり》は弁官(太政官の書記官)から蔵人頭(天皇の秘書官)を経て参議に昇進し、公卿《くぎょう》となっていた。院近臣《いんのきんしん》のうち、弁官などを経て院の政務を補佐する者を実務官僚系と分類するが、信西の次男貞憲《さだのり》も弁官に任じられており、信西の子どもたちは、新たに実務官僚系としての地歩を固めていたのである(元木『院政期政治史研究』一九九六)。

また、信西の四男成憲《しげのり》は、播磨守と左近衛中将《さこんえのちゅうじょう》を兼ねていた。院近臣のうち、受領として成功などの経済奉仕を行う者を大国受領系と分類するが、先述の通り、播磨守は、当時の受領にとって、最高級の地位であった。そして、近衛中将は、上級貴族の子弟が公卿昇進前に経る官職であり、諸大夫出身の院近臣が任じられる事例は、これまでなかった。成憲の昇進歴は、従来の大国受領系院近臣をも越えていたのである。

信西自身は身分の低い家柄であったが、信西の権勢によって、信西の子どもたちは、異例の昇進を遂げていた。一方で、こうした事態は、従来の院近臣たちの反発を招き、このことが、平治の乱を引き起こした最大の要因となったのである。

†平治の乱の勃発

平治の乱についての教科書的な説明は、「信西・平清盛と藤原信頼・源義朝が対立し、清盛の留守中に信頼・義朝が信西を攻め滅ぼしたが、帰京した清盛が信頼・義朝に勝利した」というものであろう。だが、実際の事態の推移は、そう単純ではない。

まず、平治の乱では、戦闘は二度行われている。一度目は、一一五九年（平治元）一二月九日に発生した、三条殿攻撃である。当時、三条殿は後白河院の院御所とされており、宿所には信西が詰めていた。そこを、信頼を総大将とする軍勢五〇〇余騎（『平治物語』）が襲撃したのである。実働部隊の中核は、義朝であった。

総大将となった信頼は、後白河院の近臣であり、その寵愛ぶりは「アサマシキ程」と評されている（『愚管抄』）。出自は、摂関政治の全盛期を築いた藤原道長の兄道隆の子孫中《なかの》関白家《かんぱくけ》であり、他の院近臣とは異なり公達《きんだち》（上層の貴族）に分類されるが、四代にわたって議政官昇進を逃しており、現実の立場としては、諸大夫出身の大国受領系院近臣と同等の地位にあった。それが、後白河天皇の即位後、権中納言まで急激に昇進していたのである。その信頼が平治の乱を起こした原因を、『愚管抄』は信西を「ソネム心」、『平治物語』はより具体的に、信頼が後白河院に近衛大将任官を望んだのを、信西が制止したためとする。

信頼についてもう一つ重要な点は、義朝との深い関わりである。先述の如く、義朝は保元の乱以前から東国を地盤としており、一一五五年には、弟の義賢《よしかた》を武蔵国大蔵（埼玉県嵐山町）で攻め滅ぼしていた。実は、このときの武蔵守は信頼であり、義朝の活動の背景には、両者の提携が想定されるのである。義朝が乱に加わった原因として、『愚管抄』は、信西が四男成憲を清盛の婿としながら、義朝の娘と三男是憲《これのり》との縁談を断ったことに対する義朝の恨みを、『平治物語』は、平氏に比しての不遇に対する義朝の不満を、それぞれ挙げているが、実際には、もっと長期的で深い信頼との関係が、前提となっていたのであった。

また、信頼は、父忠隆以来、陸奥国を知行国としており、奥州藤原氏とも、信頼のめいが藤原秀衡の妻という姻戚関係にあった。加えて、信頼は後白河院の厩《うまやの》別当《べっとう》として、院に献上される馬の管理にもあたっていた。さらに、今日の治安責任者である検非違使別当も務めており、後白河院政における信頼の位置づけは、現在の研究において、「武門の中心」と評されるほどである（元木泰雄「藤原信頼・成親」同編『中世の人物 京・鎌倉の時代編 第一巻 保元・平治の乱と平氏の栄華』清文堂出版、二〇一四）。

ただし、三条殿攻撃には、後白河院の近臣である源師仲《もろなか》・藤原成親《なりちか》をはじめ、二条天皇の外戚藤原経宗《つねむね》、二条天皇の乳母の子藤原惟方《これかた》、二条天皇の乳母の父源光保《みつやす》などが参加していた。平治の乱は、単に信頼や義朝の個人的感情によって起こったのではなく、信西に反発した院近臣たちの幅広い結集によって起こったのである（元木二〇一二）。

†三条殿攻撃後の情勢

三条殿攻撃により多数の死傷者が出たものの、肝心の信西は、三条殿を脱出していた。信頼らは、後白河院を大内裏の一本御書所に移し、内裏で二条天皇を擁して、義朝を播磨守とし、その子頼朝を右兵衛佐とするなどの、論功行賞を行った（乱の経過は基本的に『愚管抄』による）。ここで重要な点は、後白河院の近臣であったはずの信頼が、もはや後白河院を顧みず、二条天皇を擁立していることである（元木二〇一二）。二条天皇までの中継ぎの立場であった後白河院は、近臣たちからも見放されたのであった。

一方、信西は逃亡したものの、田原（京都府宇治田原町）の山中で自害した。信西の息子たちも捕えられ、流罪に処された。このうち、平清盛の婿となっていた四男成憲は、清盛たちの邸宅のある六波羅《ろくはら》に逃げ込んだものの、二条天皇を擁した信頼たちの出頭命令により身柄を引き渡され、下野国に配流されている（『平治物語』）。このとき、清盛は熊野詣の途上であり、六波羅には不在であった。信頼たちの攻撃は、京で最大の軍事力を持つ清盛が不在の隙を突いて行われたのである。

『愚管抄』によると、清盛の供は、息子基盛・宗盛のほか、わずか一五人であったが、紀伊国（和歌山県）の武士湯浅宗重などの協力を得て、一二月一七日に帰京した。なお、『平治物語』のうち、近世に広まった流布本などには、義朝の子義平が、清盛を阿倍野で迎え撃つことを信頼に進言して却下されたことが記されているが、陽明文庫本など中世の写本にはこうした記述がないことから、史実ではないと考えられている。そもそも、信頼の子信親は清盛の婿となっており（『古事談』）、信頼からすれば、清盛はあえて攻撃をする必要のある対象ではなかった（河内祥輔『保元の乱・平治の乱』吉川弘文館、二〇〇二）。清盛は、信西派一辺倒だったわけではなかったのである。

†大内裏・六波羅での合戦

信西を打倒した信頼は、朝廷の実権を握ったが、他の上級貴族たちにとって、信頼の武力による強引な権力掌握は、承認しがたいものであった。また、本来は後白河院の近臣であった信頼が、二条天皇を擁して朝廷の実権を握ったことは、以前からの二条天皇派であった藤原経宗・惟方らにとって、新たな不満の種となった。

こうした状況で、清盛が帰京したことによって、事態は大きく動くこととなった。内大臣藤原公教《きんのり》や、経宗・惟方らの協議により、一二月二五日深夜、二条天皇はひそかに内裏を出て、清盛の六波羅第に行幸したのである。この知らせを受けて、摂関家の藤原忠通をはじめとする貴族たちは、六波羅に参集した。一方、計画を惟方から聞かされた後白河院も、仁和寺《にんなじ》に脱出した。かくして、信頼たちは、一夜にして賊軍に転落したのである。

戦闘が発生したのは、翌一二月二六日のことである。『平治物語』によると、平家を中心とする官軍は三〇〇〇余騎、信頼軍が三〇〇余騎、義朝軍が二〇〇余騎。このほか、源光保軍三〇〇騎、源頼政軍三〇〇余騎が、官軍に転じたとする。再建間もない大内裏を戦火から守るため、官軍は大内裏に攻め寄せたのち、あえて後退して信頼軍を大内裏から誘い出した。出撃した信頼・義朝軍は、六波羅で官軍と合戦し、敗北したのである。

†乱首謀者たちの没落

戦場に出る前に落馬して鼻血を出すなど、『平治物語』で戯画的に描かれる信頼の姿は、そのまま史実とは考えにくい。ただ、『愚管抄』によると、二条天皇の脱出により内裏に取り残されてなすすべもない信頼を、義朝は「日本第一ノ不覚人」と罵倒しており、総大将として戦局を挽回するだけの力量がなかったことも確かである。結局、信頼は戦場を離脱し、仁和寺に逃れたものの、清盛に引き渡され、死罪に処された。

同じく戦場を離脱した義朝は、東国に落ち延びる途中、尾張国野間（愛知県美浜町）で家人長田忠宗《おさだただむね》（致）によって討たれた。義朝の長男義平は石山寺（滋賀県大津市）近辺で捕えられ処刑、次男朝長は義朝とともに東国に落ち延びる途中、矢傷が悪化したため自害したが、三男頼朝は、尾張国で捕えられたのち、清盛の継母池禅尼《いけのぜんに》の嘆願により助命され、伊豆国に配流された（以上、『平治物語』）。この結果、参戦しなかった頼朝の弟たちも、同じく助命されている。このことは、結果的に、のちの平家滅亡の遠因となった。

重要な点は、乱の途中で信頼方から離脱した者たちからも、乱直後に没落した者が出ていることである。二条天皇の六波羅行幸を助けた藤原経宗・惟方は、一一六〇年（永暦《えいりゃく》元）二月二〇日、後白河院の命によって捕えられ、流罪に処された（『百錬抄』）。また、二条天皇の六波羅行幸後に官軍に転じた源光保も、六月一四日に流罪に処され（『百錬抄』）、配流先の薩摩国で一一月に処刑されている（『尊卑分脈』）。直接的な罪状は、経宗・惟方は後白河院に無礼を働いたこと（『愚管抄』）、光保は謀反の噂（『百錬抄』）であったが、平治の乱を首謀したことの責任を取らされたものと考えられる（元木二〇一二）。

†保元・平治の乱の歴史的影響

保元の乱は、権門という新たな組織の形成によって発生した、新時代の幕開けを告げる戦乱であった。後白河天皇を頂点とする朝廷の、乱に対する姿勢も、大規模なものであった。乱によって大きな打撃を受けた摂関家は、以後も貴族社会内で重要な地位を占めたものの、その権力の大きさや、組織としての独立性は、大幅に損なわれた。

対して、平治の乱は、基本的には院近臣層での内部対立が原因であり、動員体制も、参戦した武士の個別の武力にとどまった。しかしながら、乱の結果、主要な院近臣の多くが没落したことは、平清盛の政治的台頭を招いた。乱の翌一一六〇年六月、清盛は二条天皇の六波羅行幸の賞によって正三位に叙され、ついに公卿昇進を果たす（『公卿補任』）。さらに、清盛が太政大臣にまで昇り詰めるのは、一一六七年（仁安二）、乱からわずか八年後のことであった。源義朝・光保など、主要な京武者が没落し、平家一門以外に大規模な武力が存在しなくなったことが、清盛の地位の飛躍的な上昇をもたらしたのである。

さらに詳しく知るための参考文献

元木泰雄『保元・平治の乱　平清盛勝利への道』（角川学芸出版、二〇一二、初出二〇〇四）……保元・平治の乱を包括的に扱った書籍としては最新のもの。一般書であるが、研究上の新知見が多数盛り込まれており、根拠となる史料や先行研究についても詳細に説明されている。

元木泰雄編『中世の人物　京・鎌倉の時代編　第一巻　保元・平治の乱と平氏の栄華』（清文堂出版、二〇一四）……日本中世史上の重要人物たちの評伝を集めたシリーズ。本巻では、保元・平治の乱に関係する鳥羽院・崇徳院・後白河院・藤原忠実・忠通・頼長・信頼・経宗・源為義・義朝・為朝・平清盛・

池禅尼・信西の評伝が収められている。

佐伯智広『中世前期の政治構造と王家』（東京大学出版会、二〇一五）……中世前期の政治史を、皇位継承や荘園相続の問題から構造的に論じた専門書。「鳥羽院政期王家と皇位継承」「二条親政の成立」「保元三年宇治御幸の史的意義」で、保元・平治の乱およびその前後の時期の政治状況を詳細に論じている。

第2講

治承・寿永の乱

下村周太郎

†戦乱の名称

表題の「治承《じしょう》・寿永《じゅえい》の乱」が、何の戦乱を指すか、ピンとこない読者もいるかもしれない。しかし、「源平合戦」とか「源平争乱」といえば、分かっていただけるだろう。一一八〇年（治承四）の源頼朝《みなもとのよりとも》の挙兵から一一八五年（文治元）の壇ノ浦《だんのうら》での平氏滅亡まで、というのが、さしあたりこの戦乱の最大公約数的な説明となろうか。

治承・寿永の乱（内乱）というのは、この源平合戦を指す学術用語である。現行の教科書を一瞥してみると、小学校の社会科ではこの戦乱を「源氏と平氏の戦い」と記す場合が多く、中学校では「源平の争乱」や「源平の内乱」が多い。それが、高校の日本史になると、どの教科書にも「治承・寿永の乱」ないし「治承・寿永の内乱」という用語が載っている。小・中・高と進むにつれ、具体的な表現から抽象的な用語へと替わるわけである。

ここで問題となるのは、「源平の争乱」が「源氏と平氏の戦い」を意味していることは明らかだとして、「治承・寿永の乱」が「源平の争乱」の単純な言い換えとは言い切れないことである。

†「治承・寿永の乱」の誕生

「治承・寿永の乱」という名称を初めて用いたのは、戦後を代表するマルクス主義歴史学者の松本新八郎《まつもとしんぱちろう》氏と思われる。はじめ一九四七年の論文「南北朝内乱の諸前提」（『歴史評論』二巻八号）において、「寿永・承久の内乱は武家政権が政権として自己を確立したモニュメンタルな事件」と述べ、一二二一年（承久三）の「承久《じょうきゅう》の乱（内乱）」と並べる形で「寿永の乱（内乱）」という名称を用いた。

そして、一九四九年の論文「玉葉《ぎょくよう》にみる治承四年」（『文学』一七巻一〇号）で、「封建革命のうちもっとも決定的な意味をもった治承・寿永の乱」を検討の対象に据える。「治承」が加えられたのは、一一八四・八五年（寿永三・四）の鎌倉幕府軍による平氏追討戦だけでなく、一一八〇年（治承四）三月に園城寺《おんじょうじ》と延暦寺《えんりやくじ》や興福寺《こうふくじ》の衆徒《しゆと》（僧兵）が連合を図った事態を、先進地帯における人民の革命勢力への結集として重視したからであった。その後一九五一年には、中世史を概説する中で「治承・寿永の内乱」という言葉を特段の説明なしにさらりと使用している（『日本歴史講座　第三巻』河出書房）。こうして、戦後数年の間に松本氏によって「治承・寿永の乱（内乱）」という名称が発明されたのであった。

戦後、学界に大きな影響を与えたマルクス主義では、人類社会は不断の階級闘争を通じて奴隷制《どれいせい》→封建制《ほうけんせい》→資本主義→社会主義・共産主義と発展するものと考えられた。松本氏による「治承・寿永の乱」概念の提唱には、古代奴隷制社会から中世封建制社会への進歩を示す画期的出来事としてこの戦乱を意義付ける意図があった。「源平合戦」では武力集団たる源氏（頼朝）と平氏（清盛《きよもり》）との間の勢力争いしか意味しない。これに対し、マルクス主義の立場から全社会的な変革のうねりを見出したところに「治承・寿永の乱」は産み落とされたのである。

†政治史的研究の展開

一九七〇年代に入るとマルクス主義歴史学は急速に退潮する。治承・寿永の内乱という用語からも封建革命といった含意が薄らぐが、年号を用いた呼称自体は一連の戦乱を全般的に指し示すのに便利なことから、むしろ定着していく。

そうした中で、マルクス主義歴史学に見られる武士中心・源氏中心の政治史像に再検討を加えた上横手《うわよこて》雅敬《まさたか》氏は、一九七六年の論文「主役の交替と文化の変容」（『国文学　解釈と教材の研究』二一巻一一号）で、「源平合戦」は台頭する新興武士が没落する貴族階級を破った合戦ではなく「源氏が平氏を破った合戦」であることを誤解してはならないと警鐘を鳴らした。そして、一九八七年の論文「鎌倉・室町幕府と朝廷」（『日本の社会史　第三巻』岩波書店）では、頼朝対義仲《よしなか》や頼朝対義経《よしつね》などの対立は親子・兄弟・主従の間での「私戦《しせん》」であり、それが朝廷による追討といった「公戦《こうせん》」の形をとることもあったが、あくまで「私戦」の側面こそが戦乱の展開に重要な意義を持っている、とした上で、「治承寿永の内乱」という呼称が、しだいに定着しつつある中で、私が源平の合戦（内乱）という古い呼び方を好む一因も、この点にある」と述べた。「源平合戦」を「私戦」という観点から捉え直す中で、源氏内の親子・兄弟・主従間の対立に改めて意を用いたことは重要である。

一九九〇年代に入り研究は新局面を迎える。川合康《かわいやすし》氏は一九九一年の論文「治承・寿永の「戦争」と鎌倉幕府」（『日本史研究』三四四号）で、鎌倉幕府権力の実質的形成をもたらした「戦争」そのものの政治史的研究の必要性を主張した。そして、村落領主や一般民衆までもが総力的に動員されたことや、内乱の深化・拡大が現実的な利害対立を背景とした在地《ざいち》（地方の現地）の領主間競合に基礎づけられていたことなどを解明したのである。

こうした研究を通じて、「源氏対平氏」や「頼朝対清盛」というような単純な二項対立図式では捉えきれない内乱期の複雑な政治・社会状況が浮かび上がってきた。

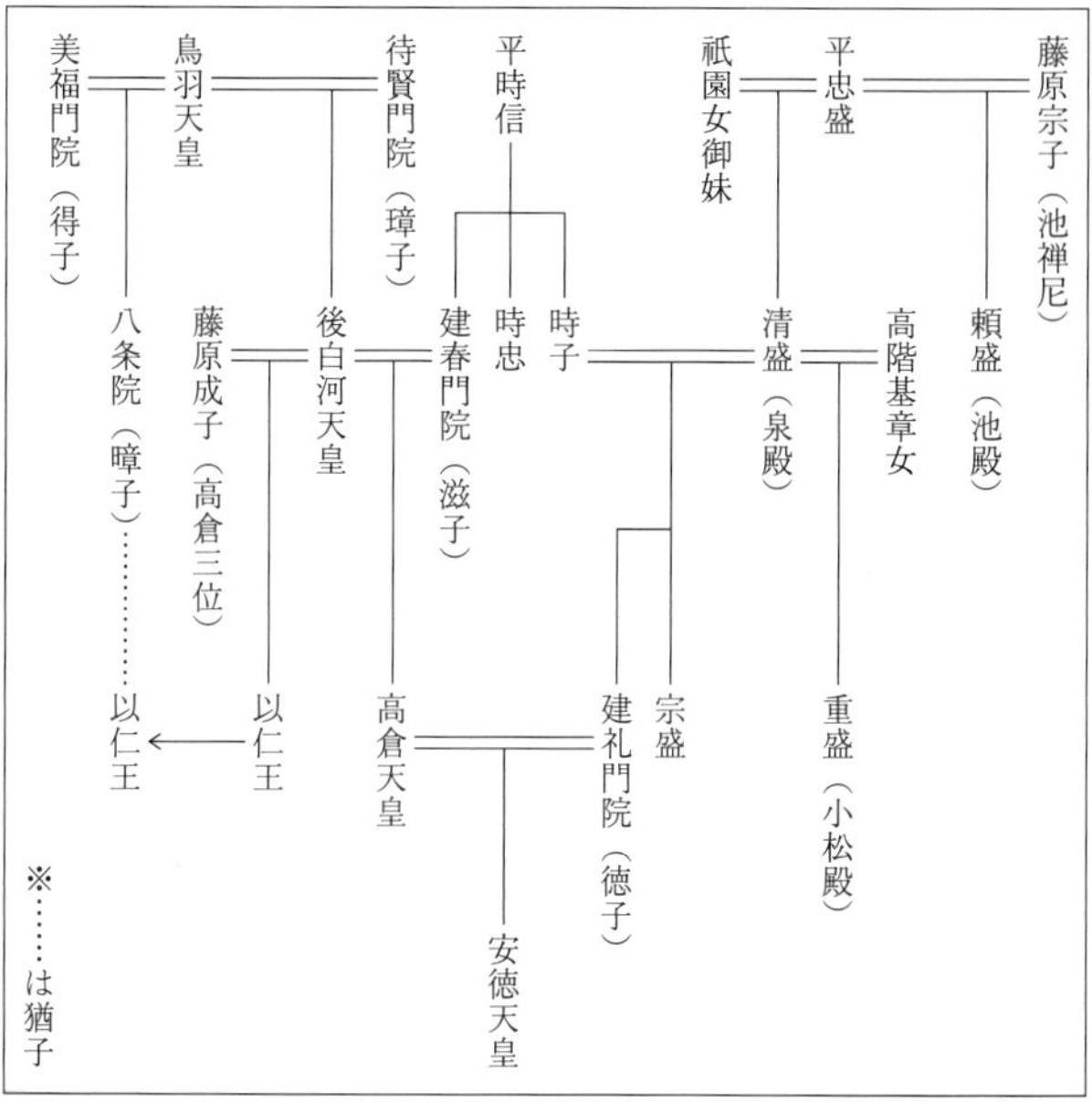

図1　天皇家・平氏関係略系図

平氏一門の分裂

政治史的研究の進展は、そもそも「平氏」や「源氏」と一括りにできるような集団が現実には想定し難いことを明らかにしつつある。

まず、平氏の事情から見ていこう。十二世紀末に中央政界に進出した伊勢《いせ》平氏の嫡《ちゃく》流《りゅう》は、正盛《まさもり》から忠盛《ただもり》を経て清盛（泉殿）へと引き継がれるが、忠盛の後妻で正室となった藤原宗子《むねこ》を母とする異母弟の頼盛《よりもり》（池殿）は独自の政治的立場を保っている。宗子の実家は鳥羽院《とばいん》の寵愛を受けた美福門院《びふくもんいん》と関係が深く、頼盛の妻はその鳥羽院と美福門院の愛娘で、両親から膨大な荘園群を譲り受け、異母兄の後白河院《ごしらかわいん》に勝るとも劣らない政治的権威を有した——女帝候補にも挙がった——八条院《はちじょういん》に仕えていた。清盛が院近臣《いんのきんしん》を大量に解官した一一七九年の治承三年政変で、頼盛は清盛により左衛門督《さえもんのかみ》を解任されている。そして、一一八三年（寿永二）の平氏都落ちに頼盛一家（池家）は加わらなかった。

嫡流は清盛から長子の重盛《しげもり》（小松殿）へと継承される。しかし、重盛は後白河院との関係が深かったため、一一七七年のいわゆる「鹿ケ谷《ししがたに》事件」などで清盛と後白河院との関係が悪化し出すと微妙な立場に立たされる。他方、重盛と入れ替わるように地位を上昇させたのが、後白河院女御《にょうご》で高倉《たかくら》天皇生母である建春門院《けんしゅんもんいん》の姉にあたる平時子《ときこ》が産んだ異母弟の宗盛《むねもり》である。重盛や清盛の死後、宗盛が名実ともに平氏の嫡宗となる一方で、重盛の子息ら（小松家）とは溝が深まり、都落ち以後、小松家も平氏主流派から離脱している。

以上のように、一口に平氏一門と言っても、頼盛流（池家）と重盛流（小松家）という嫡流の宗盛流に匹敵する門流が形成されており、都落ちを決行し、壇ノ浦まで戦い切った平氏とは、宗盛の一流に過ぎないのである。こうした一門内部の政治的・軍事的分裂が、戦乱の帰趨にも大きな影を落としている。

†源氏の分立

源氏はさらに状況が複雑である。武門源氏である清和《せいわ》源氏は、十世紀頃、満仲《みつなか》の子の代に大きく三流に分かれ、それぞれ独自の基盤を築いていく。このうち十一世紀半ばの前九年・後三年合戦で東北平定に功績を挙げた河内《かわち》源氏の頼義《よりよし》・義家《よしいえ》父子が名声を得たものの、一一五六年の保元の乱で為義《ためよし》・義朝《よしとも》父子が分裂し、一一五九年の平治《へいじ》の乱で義朝が平清盛に敗北したことなどから、河内源氏内での嫡流・庶流の関係は流動化し、治承・寿永の頃には諸流が各地に割拠していた。

一一八〇年に源頼朝が伊豆国で挙兵するが、この頃、土佐国では同母弟の希義《まれよし》も平氏に攻め滅ぼされている。平氏追討に功績を挙げた義経や範頼《のりより》は、周知の通り、後に兄の頼朝から攻められている。兄弟間の微妙な関係（私戦の側面）は、平氏における清盛と頼盛、重盛と宗盛に通じるものがある。

また、信濃国の木曾《きそ》義仲や平賀義信《ひらがよしのぶ》、常陸《ひたち》国の志太義広《しだよしひろ》や佐竹秀義《さたけひでよし》、上野《こうずけ》国の新田義重《にったよししげ》、甲斐《かい》国の武田信義《たけだのぶよし》や安田義定《やすだよしさだ》や加賀美遠光《かがみとおみつ》らが、東国各地で兵を挙げている。京周辺でも、以仁王《もちひとおう》に与した源頼政《よりまさ》や源行家《ゆきいえ》のほか、近江国の山本や柏木、河内国の石川、摂津国の多田、美濃国の土岐《とき》、あるいは、満仲の弟満政《みつまさ》の末裔にあたる美濃国の葦敷《あじき》、尾張国の山田

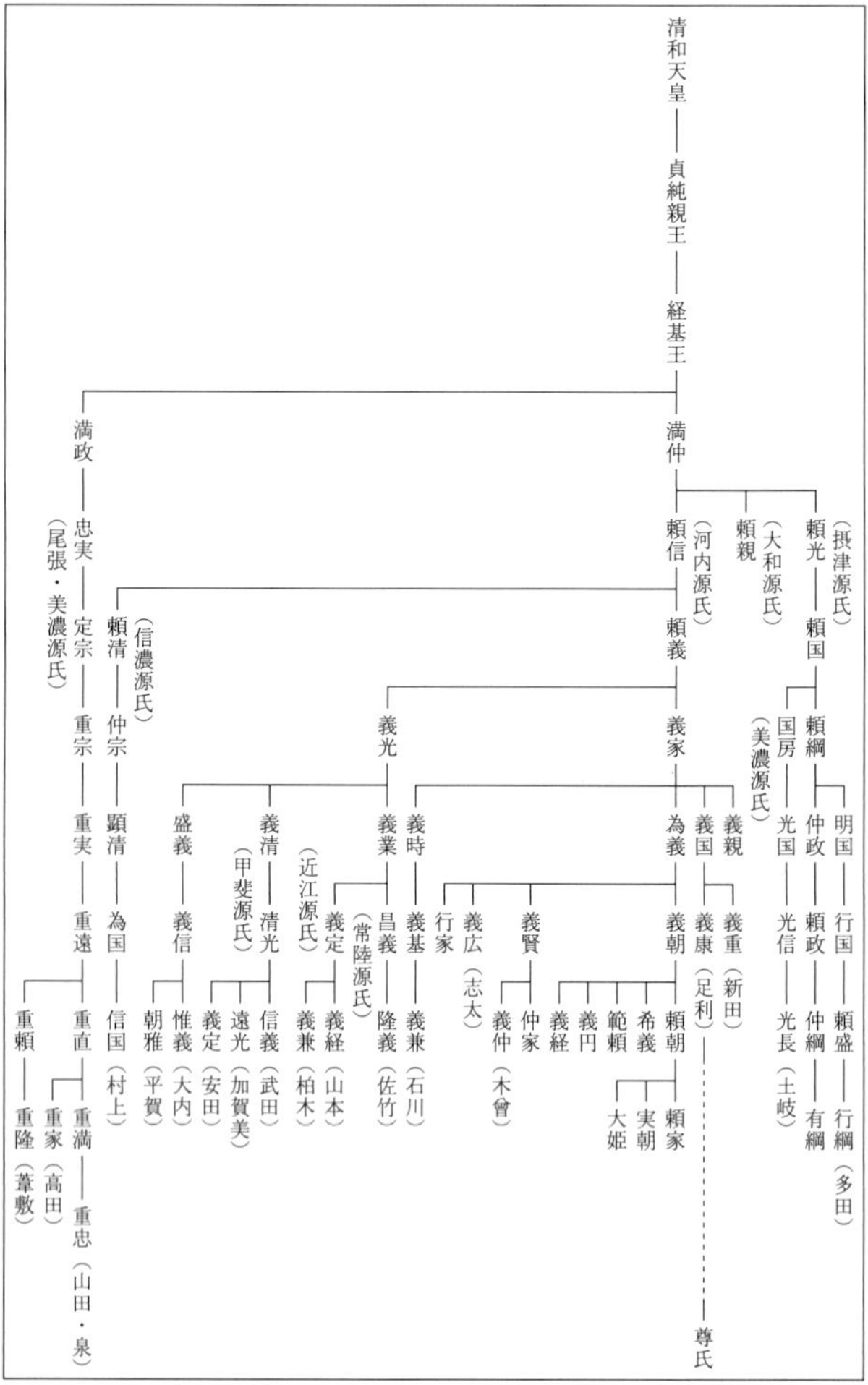
清和天皇
貞純親王
経基王
満仲
満政
頼光（摂津源氏）
頼親（大和源氏）
頼信（河内源氏）
頼国
国房（美濃源氏）
頼綱
明国
仲政
光国
行国
頼政
光信
頼盛
仲綱
光長（土岐）
行綱（多田）
有綱
頼義
頼清（信濃源氏）
義家
義光
義親
義国
為義
義時
義重（新田）
義康（足利）
尊氏
義朝
義賢
義広（志太）
行家
頼朝
希義
範頼
義円
義経
頼家
実朝
大姫
仲家
義仲（木曾）
義基
義兼（石川）
義業
昌義（常陸源氏）
隆義（佐竹）
義定
義経（山本）
義兼（柏木）
清光（近江源氏）
義清（甲斐源氏）
信義（武田）
遠光（加賀美）
義定（安田）
盛義
義信
惟義（大内）
朝雅（平賀）
仲宗
顕清
為国
信国（村上）
忠実（尾張・美濃源氏）
定宗
重宗
重実
重遠
重直
重頼
重満
重家（高田）
重隆（葦敷）
重忠（山田・泉）

図2　清和源氏略系図

や高田など、清和源氏の諸家が戦乱の過程で独自の行動を示している。

一一五六年の保元《ほうげん》の乱で為義・義朝父子が分裂したが、義朝の子である頼朝に対し、行家や義広、義仲らは為義系であり、私怨を抱く間柄にあった。頼朝の勢力圏と隣接する義広や秀義は、戦乱当初頼朝と交戦に及んでおり、義仲や義重は頼朝に対し「自立の志」を有していたと伝えられている(『吾妻鏡《あずまかがみ》』)。こうした事態について、野口実《のぐちみのる》氏は「治承・寿永内乱はふつう「源平合戦」といわれるが、実は長く続いていた河内源氏の一族間抗争の最終ラウンドとしての側面をもつ」と述べている(『源氏と坂東武士』吉川弘文館、二〇〇七)。

†源平合戦観の同時代性

この戦乱を「源氏対平氏」や「頼朝対清盛」といった単純な二項対立図式で描き、源平合戦に対する日本人の歴史認識を今日に至るまで拘束してきた代表的な史料が『平家物語《へいけものがたり》』と『吾妻鏡』である。しかし、前者は驕れる平氏と勇猛な源氏との興亡を盛者必衰の物語として描く軍記物語、後者は勝者たる幕府が自己正当化のために編纂した歴史書で、いずれも後世の史料であり、無批判に信用できる代物ではない。戦乱の実像に迫るためには「平家物語史観」や「吾妻鏡史観」を克服するための実証的な研究の積み重ねが極めて重要であることは言を俟《ま》たない。

ところが、右の点を重々承知した上で、いま改めて留意したいのは、治承・寿永の乱を「源氏対平氏」という図式で捉える心性が、既にリアルタイムで存在していたことである。戦乱当時右大臣の地位にあった九条兼実《くじょうかねざね》の日記『玉葉』には、壇ノ浦で平氏が滅んで半年足らずの頃に「源平之乱」という言葉が記されている。同書には一一八〇年の開戦段階で「平家の盛勢《せいせい》を伐《う》ち亡《ほろ》ぼし、源氏の絶跡《ぜっせき》を起こさんと欲す」といった源平を対比した表現が見出される。また、中級貴族吉田経房《よしだつねふさ》の日記『吉記《きっき》』にも平氏の都落ちが迫る時期に「源平両氏、和平あるべし」などの記述がみられる。「源氏対平氏」という構図で把握する思考様式は、戦乱勃発当初から一定程度存在していたと見なせよう。

終戦後の地方の状況を記した一一九四年の史料にも「源平騒動」という言葉が見える（高野山文書）。各地・各人における個別の事情を超えて、戦時期の社会全体が「源氏対平氏」という対立構図の中に巻き込まれていった様相を想定することができるだろう。その理由の一端を、戦乱の経緯を概観する中で考えてみたい。

†「大乱」の始まり

戦乱の開始については、一一八〇年の以仁王もしくは源頼朝の挙兵とするのが一般的と思われる。しかし、引き金となった出来事として注目すべきは、先にも触れた前年十一月の治承三年政変である。九条兼実は日記の中で度々この政変を「大乱《たいらん》」と称している。その内容は、平清盛が後白河院派の貴族三十九人を解官した上、最高権力者の後白河院その人を幽閉し、実権を掌握したクーデターである。三カ月後の一一八〇年二月には、高倉《たかくら》天皇から数えでわずか三歳の安徳《あんとく》天皇への譲位が決行され、清盛は天皇の外戚《がいせき》となった。かかる一連の事態を最も深刻に受け止めたのが、後白河院の子で自身が皇位につく可能性が完全に消滅した以仁王である。安徳天皇の践祚《せんそ》から三カ月後、挙兵に踏み切った。

以仁王の乱はほどなく鎮圧されるも、治承三年政変は戦乱が全国に拡大する誘因ともなった。政変後、平氏の一門・与党・家人の知行国《ちぎょうこく》が、政変前から倍増し、全国六十六カ国のうち約半数を占めるに至った。この結果、諸国で平氏の一門・家人が新たに国司《こくし》や目代《もくだい》(現地に赴任する国司の代理)に就任し、それまで後白河院や院近臣と縁故を築いてきた在庁《ざいちょう》官人《かんじん》(国衙《こくが》で実務を担う役人)や在地勢力との間で利害の対立が惹起したからである。

頼朝が挙兵した伊豆国も、もともと源頼政が知行国主《ちぎょうこくしゅ》であった。しかし、彼が以仁王に与して討死したため、清盛の姻族である平時忠《ときただ》に交替し、伊勢平氏の傍流で伊豆に流されていた山木兼隆《やまきかねたか》が目代に登用された。そのため、頼朝の後見となっていた北条時政《ほうじようときまさ》ら在地勢力との間で利害矛盾が生じ、頼朝と時政の挙兵に繋がった側面がある。また、挙兵したものの石橋山《いしばしやま》(神奈川県)で敗北し房総半島へ逃げ落ちた頼朝を、上総《かずさ》国在庁官人の平広《ひろ》

図3　治承・寿永の乱関連地図

常《つね》が支援した背景にも、治承三年政変で新たに国司となった平氏有力家人伊《い》藤《とう》忠《ただ》清《きよ》との確執が想定される。治承三年政変や以仁王挙兵という中央政界の政変劇が、地方における政情の混乱に転化したことが、在地領主間競合が激化した一因と考えられよう。

また、以仁王の乱の鎮圧と前後して清盛は、高倉院を平氏が崇拝する厳島社《いつくしましゃ》（広島県）に参詣させ、安徳天皇や後白河院を平氏の本拠である福原《ふくはら》（兵庫県）へ遷幸させた。こうした所業は朝廷社会の常識と伝統の破壊でしかなく、人々の間に「反平氏」・「嫌平氏」の感情を否応なく呼び覚ました。以仁王の蜂起自体は皇位継承に絡む「私戦」的な意味合いが強いかもしれない。しかし、これをきっかけに全国が反平氏の闘争へと突入していくのは、反平氏感情が、ひとり以仁王のみならず、貴族・武士・寺社を問わず、中央・地方を問わず、急速な拡散を見せたからに他ならない。

†源平の並立から対立へ

以仁王が挙兵した時、「諸国に散在《さんざい》するの源氏の末胤《ばついん》ら、多く以て高倉宮（以仁王）の方人《かたうど》たり」との噂が流れている（『玉葉』）。各地の源氏が以仁王に連帯するとの観測が広まっていたことが知られる。「反平氏」であることと「源氏」であることとが、オーバーラップしているのである。ではなぜ、反平氏・嫌平氏感情の高揚が「源氏」という存在を浮上させたのだろうか。

理由の一つに考えられるのは、源平並立観念とも呼ぶべき心性の存在である。例えば「天下の武者、源氏・平氏の輩」（『中右記《ちゅうゆうき》』）といった史料に見られるように、平安時代後期になると、軍事部門を担当する氏族としての「源氏・平氏」という認識が定着する。他ならぬ平清盛も「源氏・平氏は我国の堅め也」と発言している（『玉葉』）。

すなわち、源氏と平氏とが朝廷の軍事部門の担い手であった（と認識されていた）ことから、平氏に対する反感は平氏と対にある源氏への期待感へと変換しやすかったと考えられる。治承四年以降に各地で蜂起した「反平氏諸勢力」が総体として「源氏勢力」と認識され、「源氏対平氏」という対立構図の発生につながったと想定することができよう。

†戦乱の展開

以仁王の乱は即鎮圧されるが、この年の後半から翌年にかけて各地で諸勢力が次々と兵を挙げる。鎌倉を根拠に定めた源頼朝は南関東の制圧に成功し、北関東で平氏方に与《くみ》した佐竹秀義らの討伐を進める。平氏の東国遠征軍を富士川《ふじがわ》（静岡県）で破ったのは武田・安田ら甲斐源氏で、彼らが東海地方を勢力下に収める。木曾義仲や甲斐・信濃源氏は、横田《よこた》河原《がわら》（長野県）で平氏方の有力勢力である越後《えちご》城氏《じょうし》を破り北陸地方に進出する。平氏も負けっぱなしというわけではなく、墨俣川《すのまたがわ》（岐阜県）で源行家や義円《ぎえん》（頼朝の異母弟）および満政流の尾張・美濃源氏を、越前（福井県）で木曾義仲を返り討ちにしており、京の防衛そのものは揺らがなかった。

こうした中、一一八一年（養和元）に、頼朝は後白河院に和平を提案している。その内容は、「東西の乱」を鎮圧すべく昔のように「源氏・平氏」をともに登用し、「関東」は

「源氏」に、「海西《かいせい》」は「平氏」に管轄させてはどうか、というものであった（『玉葉』）。平氏が未だ健在の段階であったため、朝廷（平氏）が受け入れる余地はなかったが、この和平案も源平並立観念に立脚したものであった。ここで留意したい点は、義仲や行家をはじめ各地の源氏諸流が頼朝とは別に独立して行動を起こしているにもかかわらず、「源氏」と「平氏」という大きな二つの塊が設定されていることである。このことは「源氏」と「平氏」が対立すれば両氏の並立関係は崩れ一方に統合されることを示唆しており、さらに、「源氏」諸流の共存共栄もまたありえず、いずれは「いくつもの源氏」から「ひとつの源氏」へと収斂されていく可能性をも暗示している。複数の源平諸勢力が割拠していた院政期に対し、頼朝が唯一無二の存在として諸勢力の上に君臨する未来である。

さて、一一八三年（寿永二）に入ると戦局が動き始める。五月に礪波山《となみやま》（富山・石川県境）で平氏の北陸遠征軍を撃破した義仲軍は、源行家や信濃・近江・美濃・尾張の源氏諸家と合流して一気に京まで攻め上り、七月二十五日、平氏を都落ちに追い込んだ。ところが、かわって入京した義仲軍は寄せ集めの軍団であったため統制がとれず、朝廷では鎌倉の頼朝への期待が高まっていく。そうした中、閏《うるう》十月に水島《みずしま》（岡山県）で平氏軍に敗れ苦境に立たされた義仲は、後白河院を幽閉し実権の掌握を試みるも、かえって頼朝が派遣した義経・範頼軍の進出を招き、翌年正月に攻め滅ぼされた。義経・範頼軍は余勢を駆って、地元の多田行綱《ただゆきつな》軍と同盟し、福原での再起を狙う平氏を生田《いくた》の森・一ノ谷《いちのたに》（兵庫県）の合戦で敗走させる。この頃までに池家や小松家は脱落し、平氏一門の分裂・弱体化は進んでいた。それでも、瀬戸内海の制海権を保持する平氏は、屋島《やしま》（香川県）を拠点に態勢の立て直しを図ったが、一一八五年（文治《ぶんじ》元）二月、西国の水軍勢力の組織化を進めた義経軍により屋島は陥落、遂に三月二十四日、壇ノ浦（山口県）で平氏は滅亡した。

さて、鎌倉幕府軍の平氏追討戦が展開した時期の社会状況が、どのように認識されていたのかを確認しよう。例えば右に触れた多田行綱の動向は「日来《ひごろ》平家に属し、近日源氏に同意す」と評されている（『玉葉』）。武士団の身の振り方が「平氏」に与するか「源氏」に与するかという文脈で捉えられている。また、頼朝は平氏追討に「源氏・平氏と号する弓箭《きゅうせん》の輩」を動員しており（『吾妻鏡』）、軍隊が通過した地域では「平氏と云い源氏と云い、乱入し土民《どみん》を損亡《そんもう》せしむ」（高山寺文書）と暴力や略奪が問題化している。これらの史料からは、参戦した多様な諸勢力・諸階層が「源氏」か「平氏」かの二者択一で認識されたことが分かる。戦乱が「源氏対平氏」という構図で展開したことが再確認できよう。

†治承〜文治の戦争から建久の平和へ

平氏の滅亡で誰もが終戦を実感した矢先、秋頃から在京中の源義経や行家と鎌倉の頼朝との関係悪化が表面化する。十月、義経・行家は後白河院に頼朝追討命令の発令を強要するに至るが、これに対し頼朝は北条時政を京に派遣して、逆に義経・行家追討命令を出させた。こうして戦時態勢が継続することとなった。

一一八八年になり、義経が平泉《ひらいずみ》（岩手県）の藤原泰衡《やすひら》に匿《かくま》われていることが発覚する。頼朝の圧力に屈した泰衡は、翌年になりやむなく義経を自害に追い込む。これで奥州攻めの必要性はなくなったはずだったが、頼朝は全国から動員した未曾有の大軍を自ら率いて奥州へ進軍し、泰衡を滅亡させた。この合戦は、頼朝の先祖である頼義が奥州の安倍氏を追討した前九年合戦を忠実に再現する形で遂行されている。この点に注目した川合康氏は、頼朝がかかる大挙に及んだ理由について、この合戦を通じて源家譜代の主従制を演出し、多様な在地武士が蜂起した内乱を「源平合戦」として総括する政治的意図があったことを明らかにしている（『鎌倉幕府成立史の研究』校倉書房、二〇〇四）。

かくて、十年に及んだ戦乱はついに終結する。最近、「治承～文治《ぶんじ》の内乱」という表現が用いられるのも（野口実編『治承～文治の内乱と鎌倉幕府』清文堂出版、二〇一四）、一一八〇年（治承四）の諸勢力の蜂起から一一八九年（文治五）の奥州合戦に至る一連の政治・軍事過程を、トータルに把握する必要性が認識されてきたからに他ならない。

年号が建久《けんきゅう》に改められた奥州合戦の翌年、頼朝は挙兵後初めて上洛し後白河院とのトップ会談に臨んだ。この建久年間（一一九〇〜一一九九）は、幕府と朝廷とが協調しつつ、十年来の戦時態勢を平時の恒久的な政治体制へと移行させるための調整が本格化した時期である。時代は「治承〜文治の戦争」から「建久の平和」へと転換していく。

一一九七年（建久八）、頼朝は全国で八万四千基の宝塔造立を実施する。その願意は敵・味方を問わず保元の乱以来の「源氏平氏乱」で戦死した人々の慰霊であった（進美寺文書）。こうして源平合戦は完全に「戦後」を迎える。源平の諸勢力を糾合し、武士社会における超越的権威として新時代を切り拓いていく鎌倉殿《かまくらどの》・源頼朝の姿が、そこにはある。

さらに詳しく知るための参考文献

上横手雅敬『源平争乱と平家物語』（角川選書、二〇〇一）……治承・寿永の乱や平家物語に関する論考を集め一般向けに編まれた短編集で、内容も政治史に関するものや地域史に関するものなど多彩だが、いずれも武士論や幕府論を先導してきた著者ならではの独自の知見や重要な論点を含んでいる。著者による一般向けの関連書としては、本書と同様の短編集として『鎌倉時代　その光と影』（吉川弘文館歴史文化セレクション、二〇〇六、初出一九九四）があるほか、通史に『源平の盛衰』（講談社学術文庫、一九九七、初出一九六九）、人物伝に『平家物語の虚構と真実』上下（塙新書、一九八五）、『源義経』（平凡社ライブラリー、二〇〇四、初出一九七八）などがある。

菱沼一憲『源義経の合戦と戦略』（角川選書、二〇〇五）……源義経の動向を中心に治承・寿永の乱の経過を描く。『平家物語』に見える「鵯越《ひよどりごえ》」の伝説や「逆櫓《さかろ》談義」の逸話についてその虚構性を明らかにするほか、京都での義経の活動などにも光を当てる。一般向けの関連書に『源頼朝』（戎光祥出版、二〇一七）などもある。

川合康『源平合戦の虚像を剝ぐ』（講談社学術文庫、二〇一〇、初出一九九六）……鎌倉幕府権力の形成メカニズムを、治承・寿永の内乱下における戦争の実態から読み解いた重要な著作。一般向けの関連書として通史に『日本中世の歴史3　源平の内乱と公武政権』（吉川弘文館、二〇〇九）があるほか、編著『平家物語を読む』（吉川弘文館、二〇〇九）には、川合氏の論考のほか、田中大喜「平家一門の実像と虚像」、鈴木彰「合戦空間の創出」、宮田敬三「屋島・壇ノ浦合戦と源義経」など、平家物語史観を相対化し戦乱や政局の実態に迫る論考が数多く収められている。なお、中世史家による平家物語研究としては、石母田正『平家物語』（岩波新書、一九五七）や五味文彦『平家物語、史と説話』（平凡社ライブラリー、二〇一一）なども重要。

元木泰雄『敗者の日本史5　治承・寿永の内乱と平氏』（吉川弘文館、二〇一三）……敗者となった平氏の側から治承・寿永の乱の経過を追い、平氏軍制の特質や平氏一門の分裂から敗因を読み解く。『源頼朝』（中公新書、二〇一九）、『源義経』（吉川弘文館歴史文化ライブラリー、二〇〇七）、『平清盛と後白河院』（角川選書、二〇一二）など関連する一般書も豊富。なお、平氏を軸に治承・寿永の乱を扱った一般書として、髙橋昌明『平家の群像』（岩波新書、二〇〇九）や永井晋『平氏が語る源平争乱』（吉川弘文館歴史文化ライブラリー、二〇一九）などもある。

河内祥輔『頼朝がひらいた中世』（ちくま学芸文庫、二〇一三、初出一九九〇）……治承・寿永の乱を「一一八〇年代内乱」と呼び、源頼朝と後白河院との政治的駆け引きを軸に内乱期の政局をスリリングに描き出す。著者の最近の認識を示す一般向けの成果としては、『天皇の歴史4　天皇と中世の武家』（共著、講談社学術文庫、二〇一八、初出二〇一一）などもある。

第3講 承久の乱

田辺 旬

†はじめに

承久《じょうきゅう》の乱は、一二二一年（承久三）に朝廷《ちょうてい》と鎌倉幕府の間でおこった軍事衝突である。朝廷政治を主導していた後鳥羽院《ごとばいん》は、執権北条義時《しっけんほうじょうよしとき》の追討《ついとう》命令を出して、在京武士を動員して挙兵した。幕府は大軍を上洛させて反撃したために京方は劣勢となり、幕府方が京都を制圧して乱は終結した。

戦後の歴史学研究では、武士（在地領主《ざいちりょうしゅ》）が、荘園制《しょうえんせい》に立脚した古代的な貴族政権を打倒することで、中世的な封建《ほうけん》社会が成立したと捉えた。武士を結集した鎌倉幕府の成立は、古代から中世への移行として評価された。鎌倉幕府（武家《ぶけ》政権）と朝廷（公家《くげ》政権）は対立的に捉えられたために、承久の乱における両者の衝突と幕府の勝利は必然的なものとして理解されたのである。

その後の研究の進展により、荘園制は中世的な土地制度と考えられるようになった。朝廷と鎌倉幕府は、ともに中世の政治権力であると評価されるようになり、幕府成立以前の平安時代の末期には中世社会が成立したと考えられている。さらに、幕府と朝廷の関係についても対立的ではなく基本的には協調関係にあったと捉えられるようになった。

公武政権が協調関係にあったことを重視して、近年、承久の乱における後鳥羽院の挙兵目的は、討幕（＝鎌倉幕府の打倒）ではなく、執権北条義時の追討であったとする議論がさかんになっている（長村二〇一五、坂井二〇一八、野口二〇一九）。こうした見解では、後鳥羽院の義時追討命令は、義時個人の排除を目指したものであり、鎌倉幕府を打倒する意図はなかったと理解している。院の挙兵目的をどのように理解するかは、承久の乱の性格を考えるうえで重要な問題であるが、院の挙兵目的を討幕ではなかったと考えてよいのだろうか。本講では、近年の研究を踏まえて、承久の乱の性格について検討したい。

†後鳥羽院と源実朝

承久の乱が起こる以前には、朝廷と鎌倉幕府は、どのような関係だったのであろうか。中世の朝廷では、王家《おうけ》の家長《かちょう》である院（治天《ちてん》の君）が政治を主導する院政《いんせい》が基本的な形態であった。一一九八年（建久《けんきゅう》九）に院政を開始した後鳥羽院は、公家社会全体を統率して朝廷政治を主導したが、和歌・琵琶《びわ》・蹴鞠《けまり》などの諸芸能や流鏑馬《やぶさめ》や競馬《くらべうま》といった武芸にも通じていた。

院政期には、白河《しらかわ》院や鳥羽《とば》院は京都の治安維持のために在京武士に直接命令を出して軍事動員を行っていた。院は、北面《ほくめん》の武士や検非違使《けびいし》を自身の武力として編成するとともに、伊勢《いせ》平氏《へいし》や河内《かわち》源氏《げんじ》といった軍事貴族も直接動員したのである。後鳥羽院も河内《かわち》国（大阪府）の武士である藤原秀康《ひでやす》を下北面《げほくめん》に出仕させて重用するなど、畿内武士を武力として編成している。近年の研究では、後鳥羽院は在京武士を主体的に動員して軍事活動を行っており、鎌倉幕府成立後も院政期以来の院と武士の関係が踏襲されていたことが明らかにされている（木村二〇一六）。

一二〇四年（元久《げんきゅう》元）に、伊賀《いが》国と伊勢《いせ》国（三重県）で反乱が起こった際には、後鳥羽院は京都守護《しゅご》の平賀《ひらが》朝雅《ともまさ》に追討を命じている。朝雅は、源氏一門の有力御家人だが、院政期の軍事貴族のように院と主従関係を結んでいたのである。また、院は近江《おうみ》国（滋賀県）守護の佐々木広綱《ひろつな》や播磨《はりま》国（兵庫県）守護の後藤基清《もときよ》といった西国の守護を指揮下においていた。さらに、院は新たに西面《さいめん》を設置して武士を組織したが、そこには加藤光員《みつかず》や佐々木広綱といった在京御家人たちが数多く編成されている。（平岡豊「後鳥羽院西面について」『日本史研究』三一六号、一九八八）。後鳥羽院は、京都の武士社会を統率していったが、そこには幕府と主従関係にある御家人たちも含まれていたのである。

鎌倉幕府の三代将軍源実朝《さねとも》は、公家文化に耽溺した傀儡《かいらい》の将軍とされてきたが、近年そうした人物像は見直されており、政務に意欲的であったことや和歌や蹴鞠といった公家文化を積極的に吸収したことが評価されている（坂井孝一『源実朝』講談社、二〇一四）。実朝は、後鳥羽院の従兄妹にあたる坊門信清《ぼうもんのぶきよ》の娘を妻に迎えており、院に対しては一貫して恭順する姿勢をとった。

一方で、幕府と主従関係を結んでいる在京御家人が後鳥羽院によって武力として編成されていくという複雑な状況により、矛盾も生じていった。一二〇五年（元久二）閏《うるう》七月、北条時政《ときまさ》が将軍実朝を廃して女婿《じょせい》の平賀朝雅の将軍擁立をはかったとして失脚した際に、朝雅も京都で討たれた。朝雅は、京都守護であるとともに院の近臣として待遇されており、将軍実朝を頂点とする幕府の支配体制を相対化しかねない存在になっていたのである。また、一二一八年（建保《けんぽう》六）、御家人の長井時広《ながいときひろ》は在京中であったが、将軍実朝の左近衛《さこのえ》大将任官の拝賀《はいが》に供奉《ぐぶ》するために鎌倉に下向した。時広は、拝賀の供奉を務めたのちに上洛することを申し出たが、実朝は「関東を軽んじるもの」として不快の念を示している。御家人が鎌倉よりも京都での活動を優先することに対して、実朝は不満をもっていたのである。

鎌倉幕府と朝廷は矛盾をはらみつつも、後鳥羽院と源実朝の信頼関係のもとで基本的に

椋橋［くらはし］総社（大阪府豊中市）。倉橋荘（椋橋荘）の産土神［うぶすながみ］である。

は協調していた。こうした協調関係を一変させたのが、将軍実朝の暗殺であった。

†実朝暗殺の衝撃

一二一九年（建保七）正月、鶴岡八幡宮《つるがおかはちまんぐう》で右《う》大臣《だいじん》拝賀の儀式を行った源実朝は、兄頼家《よりいえ》の遺児である公暁《くぎょう》によって暗殺された。実朝の生母北条政子《まさこ》は、後鳥羽院に対して実朝後継として皇子を下向させることを要請した。院は皇子下向を拒否するとともに、幕府に対して摂津国（大阪府）の長江荘《ながえのしょう》・倉橋荘《くらはしのしょう》の地頭《じとう》職停止を要求した。院は、信頼関係にあった実朝の暗殺に衝撃を受け、幕府に対する不信を募らせていったのである。幕府は地頭職停止を拒否したが、実朝後継については公武交渉の末に摂関家の九条道家《みちいえ》の子息三寅《みとら》が鎌倉に下向することになった。三寅は、源頼朝の妹の曾孫であり、外祖父の西園寺公経《さいおんじきんつね》によって養育されていたが、わずか二歳であった。すぐに元服や征夷大将軍への任官を行うことは難しい三寅を下向させたことは、院の幕府に対する非協力的な姿勢を示している。幕府は、幼少の三寅を次期将軍として擁立しながら、源頼朝の後家《ごけ》である北条政子が実質的な将軍として政務をとり、弟の義時が執権として補佐する体制をとった。

同年七月には、京都で軍事貴族の源頼茂《よりしげ》が後鳥羽院の命令によって討たれる事件がおこっている。頼茂は摂津源氏の出身で大内守護《おおうちしゅご》をつとめており、将軍実朝のもとで幕府の政所別当《まんどころべっとう》にも就いていたが、実朝後継の将軍になる野心をもったとされている。頼茂は内裏《だいり》の仁寿殿《じじゅうでん》に火を放って自害したために、大内裏《だいだいり》の殿舎が焼失した。後鳥羽院は、大内裏の再建事業に着手したが、莫大な再建費用は造内裏役《ぞうだいりやく》という一国平均役《いっこくへいきんやく》として賦課された。一国平均役は荘園・国衙領《こくが》に一律に賦課する形式をとるが、国司・地頭（御家人）・寺社などの激しい抵抗にあって徴収は難航した。結局再建事業は中断されたが、再建事業をめぐって幕府に不満を募らせたことが、後鳥羽院の挙兵の一因になったと考えられている（坂井二〇一八）。

†後鳥羽院の挙兵

一二二一年(承久三)五月十五日、後鳥羽院は、北条義時追討の命令を出して挙兵した。承久の乱の勃発である。院は在京武士を中心に畿内近国から軍勢を召集したが、佐々木広綱・三浦胤義《みうらたねよし》・加藤光員といった在京御家人の多くは召集に応じている。在京御家人は、幕府と主従関係を結びながらも院の命令で軍事活動を行っており、院の召集命令に応じるのは自然なことであった。後鳥羽院の挙兵は、公武政権の協調のもとで在京御家人を含む京都の武士社会を編成していたことにより可能となったのである。京都守護の大江親広《おおえのちかひろ》は、父は幕府重臣の大江広元《ひろもと》であったが、院の命令に従っている。一方で、もうひとりの京都守護であった伊賀光季《いがみつすえ》(北条義時の妻伊賀の方の兄)は、院の召集命令を拒否したために、院方の軍勢に攻められて自害した。後鳥羽院の軍事作戦は、院が召集した畿内近国の武士で京都を制圧したのちに、東国御家人に蜂起を促して鎌倉の北条義時を討つものであったとされる(白井克浩「承久の乱再考」『ヒストリア』一八九号、二〇〇四)。

五月十五日に「五畿内諸国」に宛てて発給された宣旨《せんじ》では、幼齢の三寅を擁立した北条義時が「天下の政務」を乱しているとして、その追討を命じている(『鎌倉遺文』二七四六)。宣旨は諸国に宛てられてはいるが、東国の御家人たちに対して義時追討の軍事行動を起こすことを命じるために出されたと考えられている。

一方で、慈光寺本《じこうじぼん》『承久記《じょうきゅうき》』は、後鳥羽院の近臣の藤原光親《ふじわらのみつちか》が奉者となって、鎌倉の有力御家人に宛てた院宣《いんぜん》が発給されたとする。光親の子息葉室定嗣《はむろさだつぐ》の日記『葉黄記《ようこうき》』には、「承久乱逆、故殿（光親）に追討の院宣をお書かせになられた」と記されていることから、院宣の発給は史実であると考えられる（長村二〇一五）。『承久記』によれば、院宣は北条時房《ときふさ》（義時の弟）や三浦義村《よしむら》といった幕府中枢の有力御家人に宛てられており、「義時朝臣奉行」の停止を命じたという。院宣は、有力御家人に対して院方に帰参することを促すために出されたのであろう。

前述したように、近年、院の挙兵目的は討幕ではなく義時個人の追討であったとする議論がさかんになっている。こうした議論では、討幕を目指すのであれば義時ではなく三寅や政子を追討対象としたはずであり、後鳥羽院には幕府そのものを打倒する意図はなかったとする（長村二〇一五）。しかし、そもそも幼児や女性が追討対象となることはありえない。後鳥羽院による義時追討命令は義時個人の追討を目的としていたとする見解が妥当であるかは、当時の幕府における義時の政治的立場を踏まえたうえで改めて検討する必要がある。

†北条政子と義時

実朝暗殺後の幕府政治は、どのように運営されていたのだろうか。一二二一年（承久三）五月十九日に、後鳥羽院の挙兵への対応を協議するために、北条時房・大江広元・三浦義村らが義時の邸宅に参集して評議が行われた。足柄《あしがら》と箱根の防備を固めて京方の軍勢を迎撃すべきという意見と幕府の軍勢を上洛《じょうらく》させるべきという意見に分かれたために、義時が二つの意見を政子に報告したが、政子は軍勢を上洛させることを命じた。政子が、評議の内容を踏まえて最終的判断を下している。実朝期の幕府では、将軍実朝が評議の内容を踏まえて最終的判断を下しており、実朝暗殺後も幕府政治は同じ方式で運営されていた（仁平義孝「鎌倉前期幕府政治の特質」『古文書研究』三一号、一九八九）。実朝暗殺後の幕府政治において意思決定を行っていたのは、実質的な将軍である政子であり、執権義時はそれを補佐する立場にあったのである。

次に当該期の幕府発給文書に注目したい。鎌倉幕府では御家人に対して本領安堵《ほんりょうあんど》や新恩給与を行う際には下文《くだしぶみ》が発給された。実朝暗殺後の幕府では、将軍が不在となったために下文が発給されることはなく、執権義時が署判した下知状《げちじょう》が発給された（近藤成一『鎌倉時代政治構造の研究』校倉書房、二〇一六）。義時署判の下知状については、義時の判断によって発給されたものとする見解もだされている（岡田清一『北条義時』ミネルヴァ書房、二〇一九）。

一二四〇（暦応《りゃくおう》三）の足利直義《あしかがただよし》下知状には、伊豆《いず》国（静岡県）の武士である田代《たしろ》氏の相伝《そうでん》文書が引用されている（『南北朝遺文関東編』一一一四）。一二二四年（貞応《じょうおう》三）に、田代信綱が承久の乱の恩賞として獲得した和泉《いずみ》国（大阪府）大鳥郷《おおとりごう》地頭職の証拠文書として「下文」と北条政子の「和字御教書《みぎょうしょ》」が挙げられている。「下文」は義時署判の関東下知状であり、「和字御教書」は政子の仰をうけたまわった仮名による奉書《ほうしょ》である。仮名の奉書では「和泉国の大鳥郷の御下文を与える。人々が御恩を受けているが、信綱は漏れており不憫であるので、信綱にと御下文をなしたのである」と述べられている。仮名の奉書には、恩賞に漏れてしまった田代信綱が不憫であるので、大鳥郷地頭職に補任《ぶにん》する「下文」（文書様式は下知状）を発給したとする政子の意向が述べられている点は注目される。御家人に新恩給与を行う下知状は、政子の意思によって発給されていたのである。下知状は、政子の「仰」を受けて執権義時が署判して発給されたのであり、義時の独断によって発給されたものではない点に留意する必要があろう。

このように、実朝暗殺後の鎌倉幕府では、幕政運営や文書発給において、北条政子が実質的な将軍として意思決定を行っており、義時は執権として政子の政務を補佐していた。政子・義時の姉弟は政治的立場を同じくしており両者は幕府権力の中心に位置していたが、政子が幕府の意思決定を行っており、義時が専断していたわけではなかったのである。こうした幕府政治のありかたを踏まえれば、後鳥羽院の義時追討命令は、政子が主導する幕府の政治体制そのものを否定することを目指したものであり、院の挙兵目的は討幕であったと考えるべきであろう。

また、実朝暗殺後に将軍後継となった三寅は、鎌倉の義時邸の敷地内に新造された邸宅に居住しており、三寅の警固《けいご》や供奉を管轄する小侍所《こさむらいどころ》の別当には義時子息の重時《しげとき》が就いている。三寅は、義時の保護下に置かれていたのである。そもそも義時追討後に、他の有力御家人が三寅を擁立して幕府が維持されていくことを想定することも難しいといえよう。後鳥羽院は、鎌倉幕府の打倒を目指して挙兵したのであり、近年の院の挙兵目的は討幕ではなかったとする見解には賛同できない。

†北条政子の演説

承久の乱の際に、北条政子が御家人に対して演説を行って、幕府方の結束をはかったことはよく知られている。政子の演説は、義時個人の追討命令を幕府全体への攻撃にすり替えたと評価されることが多い（坂井二〇一八）。しかし、当該期の幕府政治のあり方を踏まえれば、義時追討命令が、政子の主導する幕府の打倒を意味することは、御家人にとって自明だったのではないだろうか。政子の演説は、源頼朝の後家として幕府を開創した頼朝の御恩《ごおん》を強調することにより御家人を結束させた点こそ評価すべきであろう。

前述したように、五月十九日に、北条政子は評議を踏まえたうえで軍勢を上洛させることを命じたが、それには異論もあったために、五月二十一日にも評議が行われた。大江広元が早期の出陣を主張したうえに、政子によって召喚された三善康信《みよしやすのぶ》（善信《ぜんしん》）も早期に出陣すべきという意見を述べたため、その日の晩に北条泰時《やすとき》が出陣した。幕府の軍勢は、東海道・東山《とうさん》道・北陸道の三手に分けられて出撃した。東海道の大将軍は北条時房・泰時、足利義氏《よしうじ》、三浦義村らが、東山道の大将軍は武田信光《のぶみつ》、小笠原長清《おがさわらながきよ》らが、北陸道の大将軍は北条朝時《ともとき》、結城朝広《ゆうきともひろ》らがつとめている。

幕府軍の上洛に対して、京方は追討使《ついとうし》藤原秀康のもとで、美濃《みの》国（岐阜県）・尾張《おわり》国（愛知県）に防衛線をしいたが、六月五日と六日の合戦で幕府軍に大敗した。京方は宇治《うじ》・勢多《せた》に軍勢を配置して京都の防衛をはかったが、幕府軍との激戦のすえに惨敗した。六月十五日には、幕府軍は京都を制圧しており、東海道軍の北条泰時が六波羅《ろくはら》に入っている。承久の乱は、幕府軍の勝利により終結したのである。

†幕府の戦後処理

鎌倉幕府の戦後処理によって、後鳥羽・土御門《つちみかど》・順徳《じゅんとく》の三上皇は配流《はいる》となり、乱直前に父順徳から譲位されていた懐成《かねなり》は廃位された。後鳥羽の兄守貞《もりさだ》が後高倉院《ごたかくらいん》として治天の君に擁立され、その皇子が後堀河《ごほりかわ》天皇として践祚《せんそ》した。また、摂政には九条道家に代わって近衛家実《このえいえざね》が任じられている。乱に直接関与した藤原光親らの公家は斬られた。また、在京御家人を含む京方の武士たちの多くは処刑され、院政期以来の京都の武士社会は解体された（木村二〇一六・川合二〇一九）。幕府は後鳥羽院の所領を没官し、幕府が必要とする時は返還するという条件付で後高倉院に寄進している。こうした戦後処理では、幕府は後鳥羽院を謀叛人として処分している。

鎌倉幕府は、一一八〇年（治承四）に伊豆国で挙兵した源頼朝の反乱軍にはじまる軍事権力である。そのために、朝廷の意向と関係なく敵を謀叛人と認定して軍事行動を展開することが可能であり、後鳥羽院を謀叛人として戦後処理を行ったのである（川合二〇一九）。

幕府が、承久の乱の戦後処理として朝廷政治の改革や京都の武士社会の解体を行ったことは、その後の公武関係を規定することになった。戦後処理を担った北条時房・泰時は在京を続けたために六波羅探題《ろくはらたんだい》が成立した。京都の武士社会が解体されたため、朝廷は京都の警固を六波羅探題が担うことを期待したが、当初探題はそれに消極的であった。六波羅探題が朝廷から指令を受け在京御家人を動員して京都の警固を担う体制が確立したのは、乱後二十数年を経たのちのことであった（木村二〇一六）。六波羅探題は、朝廷側からの度重なる要請によって京都の警固に関与せざるをえなくなったのである。

六波羅探題は北条氏一門が就任する役職となったが、二つの例外を除くと鎌倉から上洛して着任することが原則となっている（例外は着任時の所在場所が不明である北条長時《ながとき》と播磨守護から就任した北条兼時《かねとき》）。六波羅探題は、在京したまま父子・兄弟で継承されることは避けられたのである。幕府は、六波羅探題が公家政権との関係を強めていき、鎌倉からの自立性を高めることや公家政権の武力となることを警戒したと考えられよう。

また、院の指揮によって動員される京都の武士社会が解体されたのちも、幕府の御家人と京都の貴族との個別の関係は維持された。一二二五年（嘉禄元）の北条政子の死去を受けて、三寅は元服して九条頼経《よりつね》となり将軍に任官した。頼経の成長に伴って北条氏庶流の北条光時《みつとき》や有力御家人の三浦光村《みつむら》らは将軍側近として活動しており、九条家との結びつきを深めていった。こうした関係はのちに幕府内の政変を惹起することになる。

承久の乱の戦後処理により、幕府の朝廷に対する影響力は強まったが、それを武家政権の伸長としてのみ捉えることはできない。幕府は、承久の乱後も京都の公家政権との関係に苦慮したのである。

†おわりに

本稿では、近年の承久の乱における後鳥羽院の挙兵目的は執権義時の追討であり討幕ではなかったとする見解を、鎌倉幕府論の立場から批判した。当該期の幕府政治は、実質的な将軍である政子が主導し、執権義時がそれを補佐することにより運営されていた。院による義時追討命令は、政子が主導する幕府の政治体制を打倒することを目指したものと捉えるべきである。承久の乱は、公武政権の協調関係が一時的に破綻したことにより生じた事件であったと位置付けられよう。

後鳥羽院は、実朝暗殺後の将軍不在の幕府は御家人に対する求心力が弱まっていると考えて、東国御家人が蜂起して北条義時を討つことを期待した。しかし、北条政子は、御家人を結束させるとともに幕府軍の上洛を命じて反撃した。政子は、まさに実質的な将軍として軍事指揮をとったといえよう。九条道家は、一二四六年（寛元四）に「承久の大乱では故二品《にほん》（政子）と義時が君（後鳥羽院）に敵対申し上げた」と回顧している（『鎌倉遺文』六七二三）。承久の乱は、後鳥羽院と北条義時の対決とされがちであるが、後鳥羽院と北条政子・義時の対決だったのである。当該期の政治史における北条政子の重要性をあらためて強調したい。

さらに詳しく知るための参考文献

長村祥知『中世公武関係と承久の乱』（吉川弘文館、二〇一五）……承久の乱における京方の軍事動員や〈承久の乱〉像の変容について検討し、後鳥羽院の挙兵は討幕目的ではなかったと論じる。

木村英一『鎌倉時代公武関係と六波羅探題』（清文堂、二〇一六）……六波羅探題による京都の警固や公家政権との関係を分析することにより、六波羅探題成立の歴史的意義を明らかにする。

坂井孝一『承久の乱』（中公新書、二〇一八）……後鳥羽院の挙兵目的は討幕ではなかったとする立場から、承久の乱について詳述する。

野口実編『承久の乱の構造と展開』（戎光祥出版、二〇一九）……慈光寺本『承久記』の史料的評価や後鳥羽院による畿内武士の編成など承久の乱に関係する十本の論文がおさめられている。

川合康『院政期武士社会と鎌倉幕府』（吉川弘文館、二〇一九）……鎌倉幕府成立の前提になった院政期の武士社会について検討し、その連続性と非連続性の双方について考察する。

第4講 文永・弘安の役

高橋典幸

†戦争と外交

文永《ぶんえい》の役《えき》・弘安《こうあん》の役は、中世における外国との戦争として注目されてきた。また絵巻物『蒙古襲来絵詞《もうこしゅうらいえことば》』により、戦いの様子が具体的にイメージできる事件としても知られていよう。ただし、モンゴルは突然攻めてきたわけではない。文永の役以前（戦前）も、文永の役と弘安の役との間（戦間期）にも、さらには弘安の役以後（戦後）も、使者を日本に派遣して、外交交渉によって日本に服属を求めていたのである。モンゴル襲来は、こうした外交交渉と戦争が一体となった事件として理解する必要がある。

モンゴル皇帝クビライが日本に最初の使者を派遣したのは、一二六六年八月のことであった。クビライの祖父チンギスがモンゴル族を統一し、モンゴル帝国を創始したのが一二〇六年。以後、モンゴルはまたたく間に勢力を拡大し、その版図は東ヨーロッパや北アフ

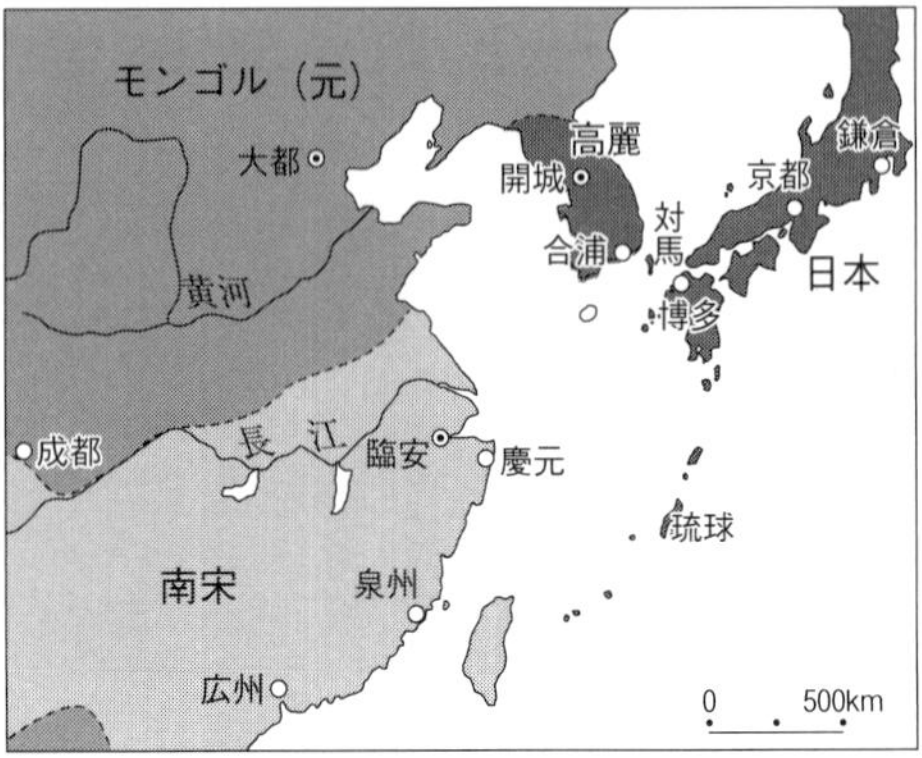

図1　13世紀なかばの東アジア

リカにまで及ぼうとしていた。一二六〇年に第五代皇帝に即位したクビライの課題は、長江流域をはさんで対峙する南宋《なんそう》を攻略し、中国全土を統一することであった。そうした南宋攻略戦の一環として、モンゴル帝国の射程に入ってきたのが日本であった。当時の日本は、南宋との間に外交関係はないものの、日宋貿易《にっそうぼうえき》によりさかんに人とモノが往来していた。南宋を封じ込めるために、クビライは日本を服属させようとしたのである。

クビライが派遣した最初の使者が九州の大宰府《だざいふ》に到着したのは、一二六八年（文永五）正月のことであった。これを皮切りに、文永の役までに三度（数え方によっては四度）、モンゴルの使者が来日し、鎌倉幕府や朝廷と交渉を行っている。

なかでも注目されてきたのは、最初の使者がもたらしたクビライの国書である。モンゴル皇帝の徳を強調し、親子のような関係での服属を求めつつも、その末尾では「兵を用うるに至りては、それたれか好むところならん」と、服属拒否の場合の軍事攻撃の可能性を示唆していたのである。さらに近年、一二六九年九月に大宰府に到着した二度目の使者がもたらしたモンゴル国書の文面が判明し、新たに注目を集めている（張東翼《チャンドンイク》『モンゴル帝国期の北東アジア』汲古書院、二〇一六）。それによれば、最初の使者に対する日本側の回答がないことを非難しつつ、翌年春までになお回答がなければ、戦艦一万隻を送り込んで京都を占領すると通告しているのである。

けっきょく、朝廷・幕府が回答することは一度もなかったが、モンゴルの使者や国書が日本国内に緊張をもたらしたことは間違いない。中にはモンゴルの襲来を確信した者もいたことであろう。

†東アジアの外交戦

日本との外交交渉を行うにあたって、モンゴルは高麗《こうらい》を案内役・先導役とした。一二三〇年代からモンゴルの侵略を受けていた高麗は、三十年近く国を挙げて抵抗戦を続けていたが、ついに一二五九年、モンゴルに服属していたのである。クビライが日本に派遣した使者は、当初はいずれも高麗を経由し、高麗の使者とともに日本に乗りこんできた。

ただし高麗の中にも、なおモンゴルへの服属を受け入れない人びとがいた。その代表が高麗国軍の精鋭部隊三別抄《さんべつしょう》［サムビョルチョ］であった。彼らは高麗王族を擁立し、朝鮮半島南西部の珍島《チンド》を拠点とする独自の政権を打ち立て、モンゴルに対する抵抗活動を続けていた。その勢力は、一時は朝鮮半島南部に広く及んでいた。

さらに三別抄は日本との共闘を計画する。その使者が日本（おそらく大宰府）にやって来たのは一二七一年（文永八）のことであった。実はこの年の五月、モンゴル・高麗連合軍の猛攻撃により三別抄は大きな打撃を受け、済州島《チェジュド》に亡命していた。いわば三別抄は日本との共闘に起死回生の道を求めたのである。

しかし日本側が三別抄の要請に応じることはなかった。三別抄から送られてきた文書が朝廷で検討された際の議事メモ（「高麗牒状不審条々《こうらいちょうじょうふしんのじょうじょう》」）が残されているが、それによれば、今回の文書の内容が、それ以前、モンゴルの使者に同道した高麗の使者によりもたらされた高麗国書の内容とあまりにかけ離れており、貴族たちが対応に戸惑っていたことが知られる。当時の朝廷では、そもそも三別抄がモンゴル・高麗に対する抵抗勢力であることが理解・認識されていなかったのである。

奇しくも三別抄からの使者の来日直後、朝廷でその国書が検討されていた一二七一年九月に、今度はモンゴル（この年、国号を大元〔元〕と改めていた）の三度目の使者が来日する。今回の使者はかなりの強硬派で、みずから京都ないし鎌倉に赴いて、国書を直接天皇や将軍に手渡したいと主張したが、大宰府に留め置かれることになった。注目されるのはこの時、さらに南宋も日本に密使を派遣していたことである（太田彌一郎「石刻史料「賛皇復県記」にみえる南宋密使瓊林について」『東北大学東洋史論集』六号、一九九五）。すなわち南宋は瓊林《けいりん》という日本人留学僧を大宰府に送り込み、モンゴルの使者の活動を妨害させていたのである。その成果か否かはともかく、今回もモンゴルの使者は使命を果たすことができなかった。

このように一二七一年秋には三別抄・モンゴル・南宋からの使者が次々と来日し、大宰府を舞台にいわば東アジアの外交戦がくり広げられていたのである。この二年後には済州島の三別抄が滅亡し、いよいよその翌年にはモンゴルは日本に対する最初の軍事行動を開始することになる。

†文永の役と「神風」

一二七四年十月三日、クビライの命令を受けたモンゴル・高麗の連合軍が、朝鮮半島南岸の合浦《ハッポ》（現在の馬山《マサン》）から出撃した。文永の役の始まりである。連合軍は途中、壱岐・対馬を攻略しつつ、十月二十日には博多湾西部に上陸した。すでに日本側も迎撃態勢をとっており、博多湾岸の赤坂や鳥飼《とりかい》（いずれも現在の福岡市内）などで両軍は衝突した。先にもふれたように、『蒙古襲来絵詞』には肥後《ひご》国（現在の熊本県）の御家人竹崎季長《たけざきすえなが》の活躍を中心

図２　苦戦する竹崎季長（『蒙古襲来絵詞』三の丸尚蔵館蔵）

に、文永の役の戦闘の様子が描かれている。

よく知られているように、一騎打ちを中心とする日本軍は、モンゴル軍の統制のとれた集団戦法に苦戦する。また「てつはう」と呼ばれる火薬兵器や矢尻に毒を塗った短弓など、モンゴル軍の兵器にも悩まされた。さらに戦略拠点の一つである高台の麁原山《そはらやま》を奪われてしまったため、日本軍は大宰府への撤退を強いられることになる。

ところが、その夜、暴風が吹き荒れたため、モンゴル軍は一夜にして撤退した——。以上の結末は八幡神の霊験・神徳を語る『八幡愚童訓《はちまんぐどうくん》』の伝えるところであり、古来、この暴風は八幡神が吹かせた「神風《かみかぜ》」と喧伝され、文永の役は神風によって一日で幕を閉じたと考えられてきた。

こうした通説に対し、異を唱えたのが気象学者の荒川秀俊氏であった。荒川氏は気象データに基づいて、文永の役の時期（現在の暦では十一月末）に九州に台風が上陸することはないとして神風説を否定し、モンゴル軍の撤退は当初からの計画によるものとする新説を発表したのである（荒川「文永の役の終りを告げたのは台風ではない」『日本歴史』一二〇号、一九五八年）。これをきっかけにモンゴル軍の撤退理由をめぐって、「神風論争」といわれる議論が活発化した。

暴風が吹いたこと、またそれによってモンゴル軍が被害を受けたことは当時の史料にも見えるところであるが、それが撤退の真の理由であったかはなお疑問の残るところである。荒川説以後も、モンゴルにとって今回の出撃は単なる威力偵察《いりよくていさつ》であり、当初からすぐに撤退予定であったとする説や、予想外の日本軍の抵抗にあった結果、モンゴル・高麗連合軍内の士気が乱れ、さらに矢も尽きてしまったので、早期の撤退を決断したとする説などが出されており、暴風被害は撤退途中でのことと考えられている。

さらに近年では、モンゴル軍が「一日で」撤退したことについても疑問が呈されている。服部英雄氏は、モンゴル軍が博多に上陸した情報と撤退した情報が京都に届いた時期に時間差があることなどから、十月二十四日ごろまで大宰府周辺で攻防戦が続けられたと指摘している（服部二〇一七）。

文永の役の実態、とくにモンゴル軍の撤退理由についてはなお究明の余地が残されているのである。

†異国征伐から石築地へ

文永の役後まもなく、早くも一二七五年二月に、クビライは再び日本に服属を求める使者を派遣している。文永の役でモンゴルの武力を見せつけたうえで有利に外交交渉を進めようとしたのかもしれないが、文永の役はかえって日本側の態度を硬化させてしまっていた。文永の役以前の使者はいずれも大宰府に留め置かれた上で追い返されていたが、今回の使者は鎌倉まで連行され、処刑されてしまったのである。

さらに鎌倉幕府は積極的な動きを見せる。すなわちモンゴル軍の出撃拠点である高麗に侵攻する「異国征伐《いこくせいばつ》」を計画したのである。文永の役とは逆に、海外に遠征軍を送り込もうとしたのである。

一二七六年（建治《けんじ》二）三月を出撃予定とし、九州の武士を中心として、山陽・山陰・南海道諸国も動員するとされていたが、実際に豊前《ぶぜん》国（現在の福岡県・大分県の一部）や肥後国では個々の武士から従軍予定の兵員数と武装を報告させており、安芸《あき》国（現在の広島県）では百艘以上もの船が徴発されている。「異国征伐」は単なるかけ声ではなかったのである。

しかし「異国征伐」が実行に移されることはなかった。国内では同時にモンゴルの再来襲に備えた迎撃態勢の整備も進められており、それとの両立は困難だったのであろう。けっきょく、鎌倉幕府は迎撃態勢の整備を優先することにした。

クビライの最初の国書が到来した一二六八年（文永五）二月、すぐに幕府は西国の守護や御家人たちに警戒命令を発した。その後、九州に所領をもつ御家人に現地への下向を命じ、九州の御家人たちとともに交替で博多の警備にあたらせる異国警固番役《いこくけいごばんやく》を実施していたが、文永の役後は異国警固番役のあり方をさらに整備する。すなわち、九州の国ごとに博多湾岸の担当箇所を定め、「石築地《いしついじ》」とよばれる石垣の築造と警備を行わせることにしたのである。モンゴル軍の上陸を簡単に許してしまった文永の役の反省に立っての措置である。石築地の範囲は、東は香《か》椎《しい》から西は今津《いまづ》まで、博多湾岸約二十㎞に及び、上陸が予想される砂浜を中心に構築されていた。

図３　生松原に残る石築地（福岡県福岡市）

†弘安の役

文永の役後にはモンゴルにも大きな変化があった。一二七九年、ついに南宋を攻略したのである。そして、その後に実行されたのが弘安の役である。すでに南宋は滅亡していたのであるから、弘安の役は日本攻略そのものが目的であった。

弘安の役では南宋から接収した兵員も動員された。すなわち、文永の役同様にモンゴル・高麗連合軍からなる東路《とうろ》軍とともに、旧南宋の兵員を中心に江南《こうなん》軍が編成され、東路軍は高麗合浦から、江南軍は中国の慶元《けいげん》（現在の寧波《ニンボー》）から出撃、壱岐で合流して博多を襲撃する計画が立てられたのである。東路軍は四万人、江南軍は十万人ともいわれ、文永の役時の四倍近い兵力であった。

一二八一年五月三日、東路軍が出撃する。ところが、江南軍は司令官の急病により出撃が遅れてしまったため、まずは東路軍のみで博多を攻撃することになる。博多での攻防戦が始まったのは六月六日であるが、文永の役時と異なり、モンゴル軍は博多に上陸することはできなかった。異国警固番役により構築された石築地が威力を発揮したのである。江南軍が出撃を開始したのはようやく六月中旬のことであった。東路軍も単独での博多攻略を断念し、両軍は七月上旬に平戸《ひらど》で合流、さらに七月二七日には伊万里《いまり》湾の鷹島《たかしま》（現在の長崎県松浦市《まつうらし》）に移動した。湾口に位置する鷹島が天然の防波堤になっているため、伊万里湾は大艦隊が停泊するには格好の場所であった。東路・江南両軍はここで態勢を整えて、博多総攻撃に臨もうとしたのである。

ところが、モンゴル軍にとって不運なことに、ここで暴風雨に襲われたのである。これにより艦隊は壊滅的な打撃を受け、博多攻撃どころではなくなってしまう。さらに暴風雨の後には、日本軍の襲撃にさらされる。この後、日本から帰還できた者は、出撃した兵員の十分の一か二という、大惨敗に終わったのである。

弘安の役で日本軍・モンゴル軍の運命を決したのは暴風雨であった。しかし、それは「神風」ではない。東アジアにこの季節（現在の暦では九月中旬）特有の台風であった。

ちなみに、弘安の役直後の八月にも、再び「異国征伐」高麗攻撃が計画された。ただ、同じ八月中に延期命令が出されており、今回も実行に移されることはなかった。

†朝廷と幕府

外国との戦争は国内の政治にも影響を与える。モンゴル襲来もその例外ではなかった。鎌倉幕府と朝廷の関係、鎌倉幕府内の政治情勢について、この点を概観しておこう。

朝廷と幕府の関係は、承久《じょうきゅう》の乱以来、次第に幕府優位で推移したが、幕府は朝廷の役割や立場を尊重していた。たとえば幕府は将軍と主従関係にある御家人に対して命令を下したり、動員をかけたりしたが、同じ武士でも朝廷や貴族・寺社（「本所《ほんじょ》」といわれる）の配下にある者には関与しようとはしなかったのである。鎌倉幕府の領分と朝廷・本所の領分のすみ分けがはかられていたのである。

これに関して注目されるのは、文永の役開戦直後、幕府は「本所一円地住人《ほんじょいちえんちじゅうにん》」の動員を朝廷に要請し、認められていることである。「本所一円地住人」とは、右に述べた「朝廷や本所の配下にある者」のことである。実際、この後、異国警固番役や「異国征伐」には、御家人ではない本所一円地住人が動員されていることが確認できる。

対外戦争という非常事態のもと、鎌倉幕府はそれまでのすみ分けを越えて、朝廷や本所の領分にまで関与し始めたのである。

さらに戦争遂行のためにはしばしば権力の集中がみられるが、鎌倉幕府では、それは得《とく》宗専制《そうせんせい》体制の強化という形で現れた。鎌倉幕府の政治は執権《しっけん》・連署《れんしょ》を独占する北条氏を中心に進められていたが、十三世紀半ば以来、次第に北条氏の嫡流《ちゃくりゅう》家（「得宗家《とくそうけ》」という）に権力が集中するようになっていた。モンゴル襲来にあたって、その傾向が加速したのである。一二六八年（文永五年）正月に初めてモンゴルの使者が到来すると、さっそく三月には幕閣の人事交替があり、得宗の北条時宗《ほうじょうときむね》が執権となり、幕府の指揮をとるようになった。さらに一二七二年二月には時宗の庶兄時輔《ときすけ》や、北条一門の名《な》越時章《ごえときあき》・教時《のりとき》が討たれる政変（二月騒動《にがつそうどう》）が発生したが、これは北条氏内のライバルや反対派を粛清して、得宗の権力を強化するための事件であった。

ただし得宗の前には難問が山積していた。一つは文永の役・弘安の役の恩賞問題であるが、より重要なのは、それまでのすみ分けを越えて新たな領分に関与し始めたことにより、これまで管轄下になかった問題が幕府に持ち込まれることになってしまったことである。動員した本所一円地住人をどのように処遇するかは得宗を悩ませたに違いない。また、この後になると、各地の荘園における悪党問題、さらには皇位継承問題まで幕府に持ち込まれるようになるのである。

一二八四年(弘安七年)四月に北条時宗が急死した後、この難題に取り組もうとしたのが、得宗家の外戚安達泰盛《あだちやすもり》であった。泰盛は積極的な政策を次々と打ち出して、鎌倉幕府の改革に乗り出したのであった。しかし翌年勃発した幕府内の権力闘争(霜月騒動《しもつきそうどう》)に泰盛は倒れ、改革路線も頓挫してしまう。以後の幕府政治は右の難問を抱えながら推移することになる。

†モンゴル襲来後の「平和」

最後に弘安の役後の日本とモンゴルの関係をみておこう。

クビライはなお日本攻略をあきらめず、第三次の遠征を計画しつつ、一二八三年・八四年と立て続けに服属を求める使者を派遣している(ただし、いずれもトラブルにより途中で引き返している)。こうした情報は日本にも伝わっていたので、幕府も警戒を緩めることができず、異国警固番役は鎌倉幕府が滅亡するまで続けられた。

しかし、この頃になると、モンゴルの外交姿勢にも変化が見られるようになる。その一つは使者の派遣ルートである。先にふれたように、当初は高麗を案内役として、高麗経由で使者を送り込んでいたが、南宋攻略以後は、中国の慶元から派遣するようになる。慶元は日宋貿易の中国側の窓口であり、日本との通交のノウハウが蓄積されており、モンゴルもそれを利用するようになったのである。

その一つが禅僧の起用であった。日本では禅僧が尊ばれ、また日宋間では禅僧の往来がさかんであったことから、彼らを使者に加えることで、日本から服属を引き出しやすくなると考えられたのである。一二八三年・八四年の使者には慶元宝陀寺《ほうだじ》の住持愚渓如智《ぐけいにょち》が同行していた。

もう一つは日本と中国を往来する民間の商船を利用することであった。一二九二年、クビライは地方官燕公楠《えんこうなん》を介した外交交渉を試みるが、それは燕公楠がしたためた文書を日本に向かう民間商船に委託する形をとった。

先に述べたように、南宋の時代、日本と中国との間で人とモノの往来が活発であったが、それを支えたのは「海商《かいしょう》」と呼ばれる民間商人たちであった。文永の役・弘安の役により海商の往来はいったん低調になるものの、その後は、時々の政治情勢の影響を受けながらも、再び活況を取り戻すに至ったのである。

一二九四年のクビライ没後は日本遠征計画も下火となり、一二九九年に派遣された使者が最後の使者となる。この時、正使に抜擢されたのが、愚渓の後任として宝陀寺住持をつとめていた一山一寧《いっさんいちねい》である。一山は日本人留学僧西澗子曇《せいかんしどん》らをともない、日本行きの民間商船に便乗して来日した。当初は鎌倉幕府に警戒され、伊豆修禅寺《しゅぜんじ》に幽閉されたが、すぐれた禅僧としてかえって幕閣の帰依を受けるようになり、鎌倉の建長寺《けんちょうじ》や円覚寺《えんがくじ》の住持に迎えられ、さらに京都南禅寺《なんぜんじ》の住持も任された。その後、一山は帰国することなく後進の指導に努め、五山文学《ござんぶんがく》をになう人材を育て上げた。

けっきょく日本とモンゴルとの間にはなしくずし的な平和がおとずれることになるが、弘安の役後の右のような経緯を考えると、それは日中間の人とモノの往来、通行のネットワークにのみこまれる形での戦争状況の解消だったともいえよう。

さらに詳しく知るための参考文献

村井章介『北条時宗と蒙古襲来』（NHKブックス、二〇〇一）……モンゴル襲来を鎌倉時代の政治情勢に位置づけて叙述する。禅僧の往来など、当時の日中をまたぐ文化状況にも光を当てている。

服部英雄『蒙古襲来と神風』（中公新書、二〇一七）……『蒙古襲来絵詞』を大胆に読み解く。「文永の役は神風で一日で終わった」のではないとするとともに、弘安の役についても新説を提示する。

石井正敏『「武家外交」の誕生』（NHK出版、二〇一三）……日本・モンゴル・高麗でやりとりされた外交文書をとりあげ、戦争と一体で進められた外交交渉の概要を明らかにする。

池田榮史『海底に眠る蒙古襲来』（吉川弘文館歴史文化ライブラリー、二〇一八）……鷹島沖の沈没船調査の歴史・概要をわかりやすく伝える。佐伯弘次『モンゴル襲来の衝撃』（中央公論新社、二〇〇三）も、モンゴル襲来についての概説書であるが、博多を中心とする考古調査の成果に詳しい。

旗田巍『元寇』（中公新書、一九六五）……モンゴル襲来をモンゴル・高麗の視点から叙述する。半世紀以上前の著作であるが、過去を見る視点を変えてみることは、現代人にとって大事なことである。

コラム1 モンゴル襲来を物語るもの

高橋典幸

モンゴル襲来については、文献史料や『蒙古襲来絵詞《えことば》』といった絵画史料とともに、遺跡や遺物も豊富に残されている。

文永の役後に築造され、弘安《こうあん》の役で威力を発揮した石築地《いしついじ》の多くは、現在では砂に埋まったり、破壊されたりして、失われてしまったが、なお地表に残っているものも少なくない。それらについては大正年間から調査・研究が進められ、「元寇防塁《げんこうぼうるい》」と呼ばれて史跡に指定されている。さらに近年は市街地の開発等にともなう発掘調査によって、新たな遺構の発見があいついでいる。

弘安の役でモンゴル艦隊が壊滅した鷹島の東南海岸では、モンゴル軍の将校が使っていた銅印など、早くからモンゴル軍の遺品が見つかっていた。軍船とともに沈んでいたものが、波打ち際にうち上げられたのである。一九八〇年（昭和五十五）からは、本格的に鷹島沖海域の調査が進められ、海底からさらに多くの遺物が見つかっている。中でも陶器や石で作られた円球は、『蒙古襲来絵詞』に描かれた「てつはう」の実物として注目されている。

さらに近年の調査では、モンゴル軍船の碇《いかり》や、沈没した軍船そのものの発見があいついでいる。こうした成果を受けて、二〇一二年（平成二十四）四月、この一帯は鷹島神崎遺跡《たかしまこうざきいせき》として国の史跡に指定されることになったが、水中遺跡《すいちゅういせき》が国の史跡に指定されたのは、これが初めてのことである。今後の調査・整備の進展も期待されている。

第5講

南北朝の内乱

西田友広

†分裂・錯綜する社会と二つの政権崩壊

鎌倉幕府の崩壊から五十九年、後醍醐《ごだいご》天皇の吉野出奔から五十六年にわたり、日本の全国各地で戦乱が繰り返されたのが南北朝時代である。南北朝時代は日本史上の大きな転換点として多くの研究が積み重ねられているが、近年では特に戦争行為そのものとの関連のなかから新たな時代像が描かれるようになっている。一方、半世紀以上にわたって戦乱が行われた背景には、所領をめぐる社会の分裂・錯綜状況があった。本講では、この所領問題を軸に南北朝の内乱の展開過程を概観することとしたい。

鎌倉時代の中期以降は、荘園《しょうえん》制の展開のなかで、所職・土地をめぐる紛争が激化していった時期である。荘園制の下では、本家《ほんけ》・領家《りょうけ》・預所《あずかりどころ》・荘官《しょうかん》・地頭《じとう》・荘民《しょうみん》らが、それぞれの立場で荘園経営に関与し、荘園からの収益を得ていた。それぞれの地位・役割と収益は一体化し、「職《しき》」と表現されたが、世代交代や任免・寄進、分割相続や売買により、職の保有者は変化していった。その結果、職の保有者同士の人間関係が希薄化・錯綜し、荘園からの収益の配分や職の保有をめぐって紛争が多発するようになった。特に蒙古襲来後の御家人領や神社仏寺領、国衙《こくが》領などの本来の所有者への返還政策（徳政）により、所領問題はより複雑化し、紛争は激化した。

一方、朝廷では皇統が持明院《じみょういん》統と大覚寺《だいかくじ》統とに分裂し、両者が皇位を争う状況が生まれた。幕府は両統が交代で皇位を継承する両統迭立《りょうとうてつりつ》を基本政策としたが、両統の争いに否応なく巻き込まれることとなった。皇統の分裂により、朝廷に仕える廷臣たちの間にも分裂が発生した。また、公家や寺社の間での裁判は朝廷で行われたが、皇統が交代すると判決が覆されることも多く、このことも所領問題を複雑化させた。

所領問題が複雑化し紛争が激化するなかで、あらゆる階層の人々が自らの権益を確保するために離合集散し、武力衝突も発生した。こうした武力衝突は「悪党」問題として幕府に持ち込まれたが、幕府はこれに十分に対処することができなかった。

大覚寺統では後宇多《ごうだ》に続き、その子である後二条《ごにじょう》が皇位に就いた。後宇多は後二条の子の邦良《くによし》への大覚寺統の継承を望んでおり、後二条の弟の後醍醐は「一代限りの天皇」と位置づけられていた。このため後醍醐は持明院統からも、同じ大覚寺統の邦良からも早期の

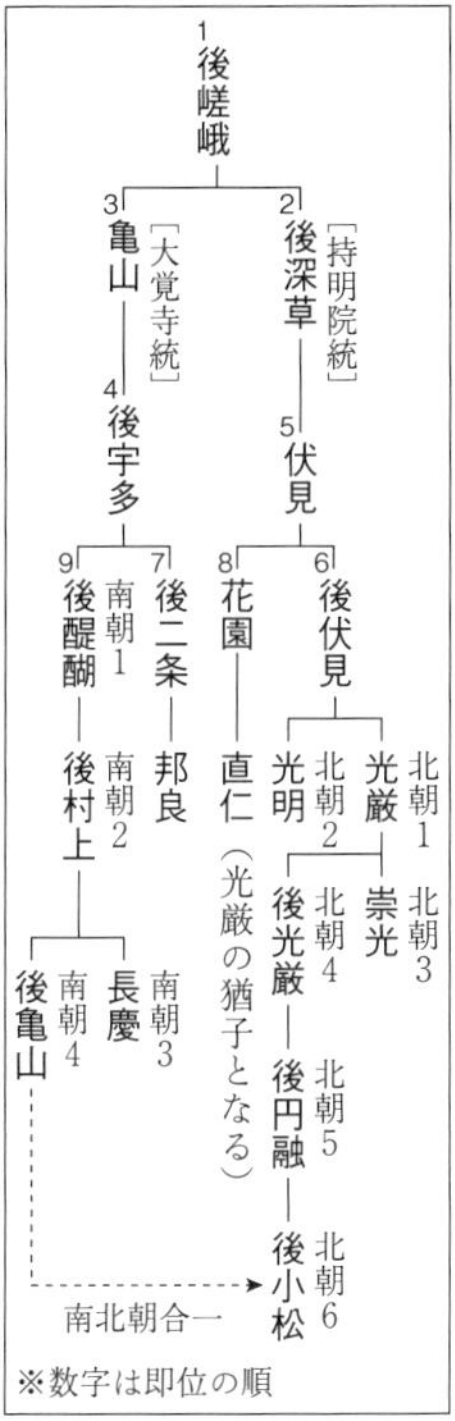

図1　持明院統と大覚寺統

退位を求められることとなった。後醍醐が自らの子孫に皇統を伝えるには、両統迭立を原則として皇位を左右する幕府を倒すことが必要であった。

さまざまな紛争解決の負担と不満が鎌倉幕府に集中するなか、後醍醐は倒幕計画をめぐらし、幕府は足利高氏《あしかがたかうじ》（後、尊氏）の離反により、一三三三年（元弘三）五月に崩壊した。ただし、この時に滅亡したのは北条一族とその被官《ひかん》（家来）がほとんどで、多くの御家人たちとその抱える所領問題は建武《けんむ》政権に持ち越されることとなった。紛争の火種は各地に残されていたのである。

建武政権は、政権基盤を強化するため、現に行われている所領支配を優先的に保護する当知行安堵《とうちぎょうあんど》を原則としたが、所領問題を抱える多くの人々が、自らへの安堵を求めて京都

図２　後醍醐天皇像（大徳寺蔵）

へと殺到した。また、紛争相手による当知行を不当とする訴訟や、旧北条氏関係所領を自らの旧領としてその回復を求める訴訟も殺到した。一三三三年九月には所領に関する訴訟を専門に扱う雑訴《ざっそ》決断所《けつだんしょ》が設置されたが、紛争の解決は容易ではなかった。こうした所領問題をめぐる混乱のなかで、倒幕戦争を戦った武士の間に、建武政権への不満が醸成されることとなった。

政権内部での対立や反乱も相次ぎ、一三三五年（建武二）七月に北条時行が蜂起すると、この反乱（中先代《なかせんだい》の乱）への対応をめぐって尊氏が離反し、建武政権は崩壊する。

ただし、建武政権の下で公家・武家が、二条河原落書《にじょうがわらくしょ》に「モル、人ナキ決断所」と言われるように一つの政権を構成し、「京・鎌倉ヲコキマゼテ」といわれるように文化や風俗の混合が発生したことは、室町時代の社会のあり方に大きな影響を与えることとなった。

†室町政権の成立と南北朝の分裂

中先代の乱で北条時行と、それに続けて後醍醐方の新田《にった》義貞《よしさだ》や楠木正成《くすのきまさしげ》と戦うなかで、室町政権が成立することとなるが、近年では、この過程で足利直義《ただよし》が主導的な役割を果たしたことが注目されている。

図3　足利尊氏像（個人蔵）

一三三五年（建武二）八月、足利尊氏は中先代の乱で鎌倉を追われた直義を救援するべく、後醍醐の制止を振り切って出陣し、乱の鎮圧後も直義の説得により後醍醐の帰京命令に従わなかった。九月末には乱関係者からの没収所領の給与・寄進を行い、十月には鎌倉幕府の将軍邸跡に館を新造した。こうして後醍醐方との衝突が不可避となる状況のなか、直義は尊氏に先んじて義貞討伐に出陣していった。尊氏が出陣するのは直義が駿河《するが》国で義貞軍に敗れた後である。こうした経緯から、後に室町政権となる武家政権の再興の動きは、鎌倉で建武政権下の鎌倉府を主導していた直義らによって用意さ

図4　光明天皇像（泉涌寺蔵）

れたと考えられている。

箱根・竹ノ下の戦いで破った義貞軍を追走した足利軍は、翌一三三六年（建武三。二月に延元と改元）正月に京都に入るが、まもなく陸奥《むつ》国から上洛した北畠顕家《きたばたけあきいえ》らの軍によって京都を追われ、二月には九州に落ち延びることとなった。

しかし、この敗走の途中で、足利軍は戦争を勝ち抜くための重要な布石を打った。まず、後醍醐によって皇位を追われた持明院統の光厳《こうごん》上皇から義貞追討の院宣《いんぜん》を獲得し、合戦の大義名分を得た。そして、播磨《はりま》国室津《むろのつ》での軍議で各地に派遣することとした足利一門の守護・大将に、敵方からの没収所領の味方への給与・預け置きを認めた。また、建武政権下で没収された所領の取り戻しを認める元弘以来没収地返付令を発した。これらにより、建武政権下で所領問題を十分に解決できなかった武士たちが、足利軍に身を投じていった。

こうした布石の効果もあって、足利軍は五月には摂津《せっつ》国で楠木正成を討ち、後醍醐は比《ひ》叡山《えいざん》に逃れた。足利軍は六月に京都に入り、後醍醐方の千種《ちくさ》忠顕《ただあき》や名和《なわ》長年《ながとし》が戦死した。

こうした動きと並行して、尊氏らは六月には光厳の院政を開始し、八月には光明《こうみょう》天皇が皇位を継承し、年号には建武を復活させた。ここに後醍醐と光明という二人の天皇が並立することとなった。持明院統を奉じることで正統性を確保した尊氏らは、光明の皇位継承直前の八月三日には、持明院統をはじめ公家・寺社の所領を安堵している。十月には後醍醐が比叡山を降り、十一月二日には三種の神器が後醍醐から光明に引き渡されて後醍醐は上皇となり、同十二日には後醍醐の子の成良《なりよし》が光明の皇太子とされた。また、この間の十一月七日に「建武式目条々《けんむしきもくじょうじょう》」が発せられ、新たな武家政権の施政方針が示された。

なお、翌一三三七年(建武四)二月以前には、諸国の守護・大将が軍勢に預け置いた「寺社領・国衙領・領家職」の本所への返還が、室町政権によって命じられている。この命令は「寺社領御興行御徳政」と歓迎されているが、一方で一三三六年十月には国衙正税・領家年貢の三分の一の免除が、武士らに対して院宣によって認められている。光明の皇位継承にあたって「寺社領・国衙領幷びに領家職」の返還を命じたものの、武士らの抵抗を受けて十月の命令になったものであろうか。

いずれにしても、この「御徳政」は室津の軍議に基づく措置を撤回し、平常時への転換を意図したものであり、持明院統・室町政権の成立したこの時期に発せられたものであろう。こうして、両統迭立の朝廷と武家政権という鎌倉時代後半の体制が復活したのである。

ところが間もなく十二月二十一日、後醍醐は京都を出奔して吉野に入り、光明に引き渡した神器は偽物で、自らが正統な天皇であると主張した。ここに吉野を拠点とする南朝と、京都を拠点として室町政権に支えられる北朝とが争う状況となった。これにともない、所領問題を抱える全国各地の諸勢力が、南北両朝に属して争うこととなった。

†直義主導の室町政権

南朝の出足は必ずしも順調とはいえなかった。後醍醐が京都を出奔した翌年の一三三七年（建武四・延元二）三月には新田義貞の拠る越前《えちぜん》国金ヶ崎城が陥落、一三三八年五月には北畠顕家が、閏《うるう》七月には義貞が戦死し、さらに一三三九年八月には後醍醐が死去し、戦況は北朝・室町政権が優位となった。しかし、関東の北畠親房《ちかふさ》や、遠江《とおとうみ》国の宗良《むねよし》親王、四国を経て九州へ渡った懐良《かねよし》親王らを始めとする南朝の地方勢力は各地で戦いを繰り広げた。

この間、室町政権は、金ヶ崎城陥落後の十月に、守護・大将が軍勢に預け置いた「寺社領・国衙領幷びに領家職」の返付命令を発し、義貞戦死後の閏七月末にも、本所領の返還命令を発している。戦況と寺社本所領への対応が連動しているのである。

また義貞戦死後の八月に、尊氏は征夷大将軍に、直義は左兵衛督《さひょうえのかみ》に任じられた。成立期の室町政権は、これまで尊氏・直義兄弟による「二頭政治」とされてきたが、実質的にはほぼ全ての政務を直義が行っていたと評価されるようになっている。

直義による裁許下知状《さいきょげちじょう》（裁判の判決書）は左兵衛督任官直後から現れ、寺社本所領の保護に関する法も頻繁に定められた。一三四〇年（暦応三）には北朝で「暦応雑訴法《りゃくおうざつそほう》」が発せられ、朝廷でも訴訟制度の整備が図られた。一三三九年には後醍醐の冥福のために天龍寺が創建され、一三四五年（貞和《じょうわ》元）には元弘の乱以降の戦死者の冥福のためにそれ以前から整備が進められていた寺や塔の呼称が、室町政権の申請に基づいて北朝により安国寺・利生塔《りしょうとう》と定められた。貞和年間には室町政権により、寺社本所領や諸国の治安維持に関する法が多く定められ、特に一三四六年（貞和二）十二月には「国司・領家年貢対捍《たいかん》（＝抵抗）の地の事」「諸国狼藉条々」「同（諸国）守護人非法条々」という一連の法が定められており、「倹約条々」という一連の法もこの時期のものと考えられている。いずれも戦乱のなかで混乱した治安や秩序を回復し、平常時への移行を目指す政策と評価できる。

このような直義主導の公武が協調しての政策は、鎌倉時代後期の公武徳政の路線を引き継ぐものとして「貞和の徳政」ともいわれ、直義の下で運用された訴訟制度のあり方などとともに、この時期の室町政権が鎌倉時代のあり方を模範としていたことを示すものと評価されている。一方、こうした鎌倉時代のあり方を模範とする政策は、戦乱のなかで権益を拡大してきた武士たちの利害とは対立する側面もあった。

†観応の擾乱

北朝・室町政権の優位の下、足利直義の主導により、鎌倉後期を模範として構築されつつあった政治体制を大きく転換させるきっかけとなったのが、南朝方の攻勢であった。

一三四七年（貞和三・正平二）八月、楠木正成の子正行《まさつら》が挙兵し、河内《かわち》国の各地で室町政権軍を圧倒し、摂津国に迫った。河内・和泉《いずみ》両国の守護であった細川顕氏《あきうじ》は九月の合戦に敗れ、十一月に山名時氏《やまなときうじ》らとともに再び正行と対峙するが、大敗を喫してしまう。これに対し、顕氏に代わって河内・和泉両国の守護となった高師泰《こうのもろやす》が高師直《こうのもろなお》とともに出陣した。

この出陣に合わせて室町政権は寺社本所領の住人らが南朝方に味方した場合、その所領を没収し、新たな知行者を本所に推挙することを北朝に申し入れ、北朝は十二月二十三日にこれを容認している。寺社本所領であっても、室町政権が敵方所領として没収し、味方に給与することが実質的に認められたといってよく、これによって寺社本所領の武士層も室町政権によって動員されることとなった。

師直らは翌一三四八年正月には河内国四条畷《しじょうなわて》で正行を討ち、さらに南朝の拠点であった吉野を焼き払って、後村上天皇を賀名生《あのう》に退かせた。この戦いのなか、師泰は荘園を兵糧料所《ひょうろうりょうしょ》とし、また、「一円平均の法」（一律の法）であるとして荘園の「領家職半分」を味方の武士に知行させ、年貢・公事・夫役《ぶやく》を徴収させたことが知られるが、これは実質的な半《はん》済令《ぜいれい》である。また四月には紀伊《きい》国の南朝方の討伐が足利直冬《ただふゆ》（尊氏の実子だが認知されず、直義の養子となった）に命じられ、六月に出陣した直冬は八月から九月にかけて紀伊国内を転戦している。

このような戦争状況により、直義による治安・秩序の回復政策は頓挫を余儀なくされた。一三四八年の後半には、所領安堵に先立って実際にその土地を支配しているかどうかを調査する鎌倉時代以来の手続きが行われなくなったことが指摘されている。こうしたなか、直義は一三四九年閏六月に、師直の執事罷免を尊氏に迫り、師直は八月、軍勢を率いて直義が逃げ込んだ尊氏邸を包囲した。この結果、師直は執事に復帰し、直義は政務を尊氏の嫡子義詮《よしあきら》に譲ることとなり、直義に近い上杉重能《しげよし》・畠山直宗《はたけやまただむね》が殺され、直義も出家に追い込まれた。この室町政権の分裂により、南朝・北朝という対立軸に、尊氏・義詮方と直義・直冬方という対立軸が加わり、各地での紛争も混迷の度を増すこととなった。

一三五〇年（観応《かんのう》元）十月、尊氏が九州で勢力を築いていた直冬を討つために出陣すると、直義が挙兵して京都を制圧し、一三五一年二月には摂津国で尊氏らを破り、師直・師泰兄弟は殺された。しかし八月には、直義が東西に出陣した尊氏・義詮による挟撃を恐れて京都を脱出し、十一月には鎌倉に入った。尊氏は直義を追って一三五二年正月には鎌倉を制圧し、二月には直義が死去した。この一三四九年（貞和五）から一三五二年（観応三）にかけての幕府の内部抗争を観応の擾乱《じょうらん》と呼んでいる。

この抗争のなかで一三五一年（観応二）正月以降、尊氏・直義の双方が、足利一門以外の外様《とざま》も含む守護・大将に、闕所地《けつしょち》処分権すなわち闕所地（領主のいない土地。実態は敵方所領）を味方に給与する権限を与えた。迅速な恩賞給与により味方を確保するためである。

また、同年六月には、一方当事者の訴えのみに基づいて所領の押領《おうりょう》停止を命じる「特別訴訟手続き」による足利義詮の「御前沙汰《ごぜんさた》」が開始された。同時期に、寺社本所領・武家所領双方への押領禁止と、使節による押領地引き渡しの迅速化を命じる法も発せられており、戦乱による押領増加に迅速に対応することで、自らの陣営への支持を獲得しようとしたものと評価できよう。安堵についても、武士らの申請を守護が取り次ぐことで認められるようになり、守護の軍事動員に応じることが、安堵の実質的な条件となっていった。

†正平の一統とその崩壊

一三五一年（観応二・正平六）、尊氏は直義を追って鎌倉に下向するのに先立ち、背後の安全を確保するため、南朝と和議を結んだ。和議は十一月三日に成立し、翌日には尊氏は京都を義詮に委ねて出陣した。北朝の崇光《すこう》天皇と皇太弟直仁《なおひと》が廃され、三種の神器も南朝に接収された。この南朝による皇統の統合を正平の一統と呼んでいる。

年が明けて一三五二年（観応三・正平七）二月、後村上天皇は賀名生を出発して京都へ向かい、閏二月には南朝軍が京都に入り、義詮は近江《おうみ》国へ逃れた。この時、南朝軍は北朝の光厳・光明上皇、廃帝崇光、廃太弟直仁を石清水《いわしみず》八幡宮の本陣に連行した。南朝と幕府との和議は破れ、三月には義詮が京都を奪回、五月には南朝軍は石清水から撤退した。

義詮は京都を奪回したものの、北朝は上皇も天皇も皇太弟も不在となった。義詮は八月、崇光の弟で僧侶になる予定であった十五歳の弥仁《いやひと》を、三種の神器も天皇経験者による授与もないまま後光厳天皇として擁立したが、北朝の正統性は大きく損なわれることとなった。

新たに擁立した後光厳の朝廷への貴族・寺社の支持を獲得するとともに、南朝とも戦わなければならないという状況に対応して、同年七月・八月に発せられたのが半済令である。これらの半済令は、寺社本所領の保護を前面に掲げつつ、京都を守る義詮を支える京極《きょうごく》・土岐《とき》・仁木《にっき》氏らの守護国や南朝との合戦の場となっている諸国については、本所領の半分を兵糧料所とし、その年貢を軍事費に充てることを認めるものであった。

南朝軍が京都を退いた後も戦乱は収まらず、一三五三年（文和《ぶんな》二・正平八）六月には山名時氏・石塔頼房《いしどうよりふさ》・吉良《きら》満貞らが南朝方として京都を占領するが、七月には義詮が京都を奪回した。一三五四年（文和三・正平九）五月には南朝方となって中国地方で活動していた足利直冬が上洛の動きを見せ、山名時氏・石塔頼房・桃井直常《もものいただつね》らと連携して京都に迫り、十二月には尊氏が京都を逃れた。翌一三五五年（文和四・正平十）正月、直冬らは京都に入るが、三月には尊氏・義詮が京都を奪回した。また一三五四年四月には、長く南朝を支えてきた北畠親房が死去した。

この頃には、南朝は室町政権の内紛と連動する形でしか京都に迫ることはできなくなっており、北朝・室町政権の優位は動かし難いものとなっていた。

†南北朝の統一へ

直冬が京都を退くと、京都周辺の状況は次第に安定していった。一三五六年（延文元・正平十一）には斯波《しば》高経《たかつね》が室町政権に帰順し、一三六一年（康安元・正平十六）に仁木義長・細川清氏らの室町政権からの離反・南朝への帰順によって南朝が京都を占拠するもののすぐに奪回され、これが南朝による最後の京都占拠となった。翌一三六二年（貞治《じょうじ》元・正平十七）には大内弘世《ひろよ》・山名時氏が室町政権に帰順した。

こうして戦乱が終息に向かうなか、足利義詮から義満への代替わりにともない一三六八年（応安元・正平二十三）に発せられたのが応安の半済令である。この半済令は皇室領・寺社本所一円領以下の一定の所領を除く寺社本所領について、これまで建前としては戦争地域に期間限定のこととして認められてきた半済を、地域・期間の限定なく、また年貢ではなく土地そのものの半分の支配として認めるもので、多くの寺社本所領が武士のものとなった。

さまざまに対立軸を変化させつつ、長期間にわたって全国各地で続いた戦乱のなかで、多くの武士が没落し、その所領は勝ち残った武士たちに配分されていった。また公家や寺社は戦乱のなかでの押領や半済令によって所領の多くを失い、それらもまた武士たちに配分された。没落した多くの武士と公家・寺社の犠牲の上に所領問題は一定の解決をみることとなった。

また「公家一統」の建武政権を経て、北朝と融合した室町政権が誕生し、鎌倉時代には公武に分かれていた支配系統も一元化されることとなった。

この後、有力守護を抑えて権力を確立した足利義満によって、一三九二年（明徳三・元中九）に南北朝が統一され、南北朝の内乱は終わりを迎えることとなる。

さらに詳しく知るための参考文献

佐藤進一『南北朝の動乱』（中央公論社、一九六五。新装版は二〇〇五）……戦後の日本中世史研究の枠組みを形作った著者による通史として、また、本講では省略した地方の状況をも含む全体史として、一度は読んで欲しい。

高橋典幸「南北朝動乱期の社会」(高橋典幸・五味文彦編『中世史講義』ちくま新書、二〇一九)……政治情勢を中心とした本講では十分に論じられなかった社会の状況について、簡にして要を得た記述がなされている。ここでは省略した参考文献も記されており、ぜひ参照して欲しい。

日本史史料研究会監修・亀田俊和編『初期室町幕府研究の最前線』(洋泉社、二〇一八)……近年の初期室町幕府研究において議論の焦点となっている多様な論点とその研究状況を、複数の執筆者によりわかりやすくまとめている。

吉田賢司「室町幕府論」(『岩波講座日本歴史第8巻　中世3』岩波書店、二〇一四)……室町幕府の成立期から確立期、すなわち足利尊氏から義教にかけての室町幕府の制度的展開を政治過程と絡めながら解説している。なお室町幕府成立の前史となる建武政権については同じシリーズの桃崎有一郎「建武政権論」(『岩波講座日本歴史第7巻　中世2』岩波書店、二〇一四)がある。

第6講

永享の乱

杉山一弥

†室町幕府と鎌倉府の関係史

永享《えいきょう》の乱は、室町幕府と鎌倉府の関係史の転換点となる出来事であった。そのため、この乱を題材とする軍記物（文学作品）も数多く編纂されている。それら日本文学に影響を受け、旧来は日本史学においても将軍足利義教《あしかがよしのり》、鎌倉公方《くぼう》足利持氏《もちうじ》、関東管領《かんれい》上杉憲実《のりざね》の人物論に仮託させて永享の乱を叙述することが多かった。その名残はいまなおとどまる。背景には、同乱に関する良質な古文書の少なさがある。もとより古文書残存量の問題は如何ともしがたい。しかし、京都の古記録には同乱関連の記事が多くみえる。そこで本稿では、室町幕府と鎌倉府をつなぐ仕組みが破綻してゆく政治的・社会的な推移に焦点をあわせることで、永享の乱の全容把握につとめる。

鎌倉府とは、室町幕府が東国社会を制御・調停するために設置した統治機関である。室町幕府によって、鎌倉期以来の地域的特徴・歴史的特質をもつ東国武家社会を統御するための仕掛けとして整えられた。そして足利尊氏《たかうじ》の庶子基氏《もとうじ》が、観応《かんのう》の擾乱《じょうらん》の過程で兄義詮《よしあきら》に替わって鎌倉へ下向したことで本格的に機能しはじめた。

足利基氏が初代鎌倉公方として東国社会を統御していた時期、室町幕府と鎌倉府が対立することはなかった。しかし基氏以後の歴代鎌倉公方たちは、京都の政治抗争と連結することで室町幕府への対抗心を顕在化させていったのである。

たとえば二代鎌倉公方足利氏満《うじみつ》は、一三七九年（康暦元《こうりやく》）、京都における康暦《こうりやく》の政変に関与した。同年の関東管領上杉憲春《のりはる》の自害はその証左である。憲春の自刃は氏満への諌死《かんし》であると風聞され、深い疑惑が取沙汰されたのであった。ついで三代鎌倉公方足利満兼《みつかね》は、一三九九年（応永六）、いわゆる応永の乱で大内義弘と連携した。大内氏は、三代将軍義満を排除したのち満兼を将軍職とする構想をもっていたという。満兼の欲心は、このとき鎌倉を出て武蔵国府中へ移座したことから明白である。室町時代の武蔵国府中は、鎌倉公方から軍勢催促された東国武家が参集する象徴的都市だったからである。

こうした事態が生じる背景には、鎌倉公方という政治的地位が、将軍からの補任《ぶにん》という形態ではなかったことがある。また、鎌倉公方と京都将軍が親族ながら生涯一度も顔を合わせない間柄であったことも深く関係していたのであろう。

図１　足利持氏の切腹（右上の鎧直垂の人物。『結城合戦絵詞』国立歴史民俗博物館蔵）

さて、四代鎌倉公方足利持氏は一四三八年（永享十）、六代将軍義教から討伐され自害した。永享の乱とよばれる出来事である。三代満兼までの室町幕府と鎌倉府の対立は、すべて鎌倉側による京都側への策動として表出したものであった。しかし永享の乱はそれまでと異なり、義教による持氏への軍事行動として立ちあらわれた。これこそが永享の乱の特徴である。それを義教の個性にむすびつけ、人物論に収斂させて単純化することは容易い。しかし、室町時代史をつらぬく室町幕府と鎌倉府の関係をとらえるにはあまりにも表層的である。永享の乱は、室町幕府と鎌倉府をつなぐ仕組みが破綻する推移を捉えることで理解が深まろう。

†鎌倉公方足利持氏期の鎌倉府

足利持氏は、父満兼が死去したとき十二歳であった。そのため持氏年少期の鎌倉府は、関東管領を中心に運営された。とくに犬懸《いぬがけ》上杉禅秀《ぜんしゅう》（もと氏憲《うじのり》）が関東管領であった時期は、足利満隆《みつたか》（公方代行、持氏の叔父）・上杉禅秀（関東管領）・鎌倉府評定衆《ひょうじょうしゅう》（鎌倉府奉公衆の宿老ら）によって鎌倉府の中枢が構成され、彼らの評定によって組織の意思決定がなされた。しかし一四一五年（応永二十二）三月、十八歳となった持氏が評定に出席しはじめると、翌四月には所務沙汰をめぐり早々に持氏と禅秀が対立した。これが引金《ひきがね》となって翌々五月に禅秀は関東管領を辞し、一四一六年（応永二十三）十月、上杉禅秀の乱が勃発した。

持氏は、禅秀勢に鎌倉を追われ、一時は駿河《するが》国まで逃避することを余儀なくされた。しかし持氏は、駿河守護今川氏ら室町幕府勢の援助をえて約三ケ月で鎌倉を奪回、禅秀ら首謀者を自害させた。ただし禅秀与党の多くは、足利将軍との主従関係に活路を見出し、持氏は彼らの武力制圧にこだわることになる。

当時の室町幕府では、四代将軍義持《よしもち》が子息義量《よしかず》（五代将軍）の急逝後、後継者を定めずにいた。一四二五年（応永三十二）十一月、持氏は使節として明和和尚（建長寺長老）を上洛させ、義持の猶子《ゆうし》となって上洛・奉公したい旨を申し入れたと噂されている（『看聞日記』）。

また持氏は、翌一四二六年（応永三十三）、自身の花押《かおう》を歴代足利将軍の特徴に似せた形態に変更した。これらをもって持氏の将軍職をのぞむ意志のあらわれとみる見解もある。

一四二八年（正長元）正月に義持が死去すると、持氏は青蓮院義円《しょうれんいんぎえん》（のち義教）が籤引《くじび》きで新将軍に就任したことへの不満を露わにした。たとえば同年十月、越後守護代長尾邦景《くにかげ》は、持氏が越後国内の国人にむけて「参じて忠節を致せ」との文書を多く送達していると室町幕府に通報している（『満済准后《まんさいじゅごう》日記』『上杉家文書』）。また公家衆の万里小路《までのこうじ》時房は、持氏が上洛するとの風聞がひろく京都で拡散される様子を書き残した（『建内記』）。

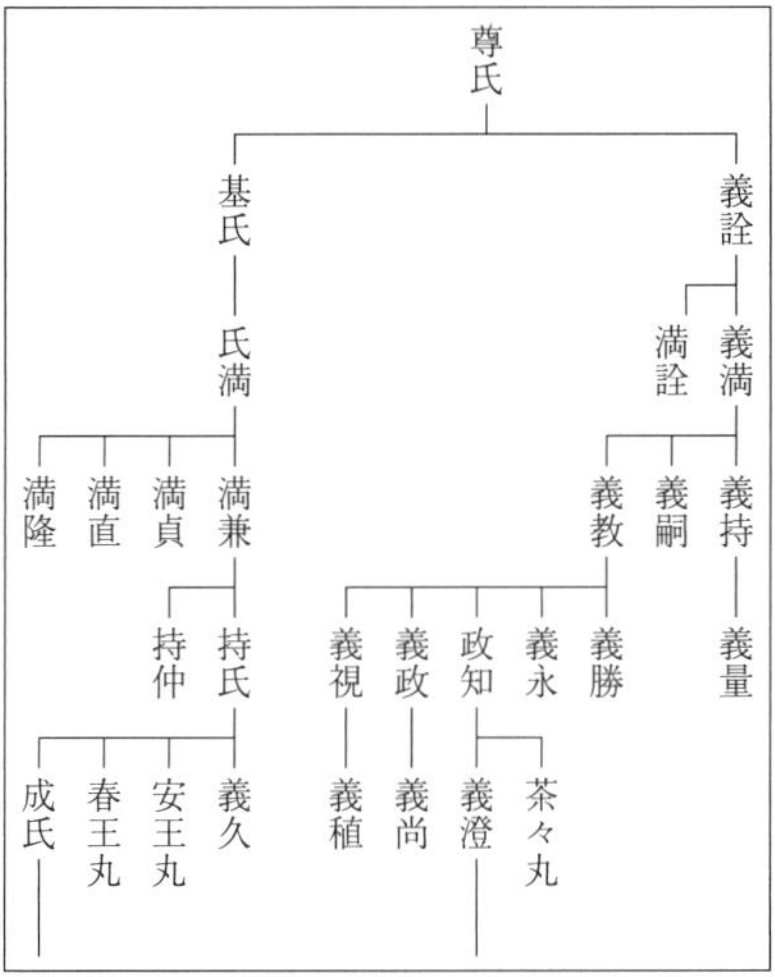

図２　足利氏略系図

鎌倉府中枢では、関東管領上杉憲実が若年ながら持氏の上洛を引き留め、慶賀《けいが》使《し》の派遣を諫言《かんげん》しているようだと京都には伝わっていた。また憲実は、上野国の新田氏残党による鎌倉襲撃の噂を提示することで持氏を制したと伝聞された

(『建内記』)。

新将軍義教の登場にともなうこれら持氏関連のさまざまな風説は、持氏の将軍職への憧憬とともに、後述する持氏期鎌倉府と室町幕府の関係の不安定さを照射するものであった。

✝東国の地域紛争と室町幕府・鎌倉府

室町幕府と鎌倉府の対立は、すでに応永末年から東国武家の反鎌倉府抗争に室町幕府が介入するかたちで表面化していた。上杉禅秀の乱後、持氏が、東国武家ながら足利将軍と主従関係をむすんだ京都扶《ふ》持衆《ちしゆう》の討伐を執拗に繰りかえしたからである。おもな係争地域は、甲斐《かい》国や常陸《ひたち》国であった。室町幕府は、永享の乱勃発にいたるまで持氏に軍事行動の停止を要請しつづけたことが知られる(『満済准后日記』)。

じつは将軍義持の時代、室町幕府はすでに東国へ軍事介入する動きをみせ、管轄境界まで軍勢を出兵させている。持氏が、山入《やまいり》佐竹与義《ともよし》・小《お》栗満重《ぐりみつしげ》・真《ま》壁秀幹《かべひでもと》ら常陸の京都扶持衆を相次いで討滅したためである。この室町幕府の軍事圧力に対して持氏は、一四二四年(応永三十一)、義持に誓文(起請文《きしようもん》)を提出して詫びたのであった(『花営三代記』『満済准后日記』)。室町幕府による東国への軍事介入は、永享の乱時にはじめて企図されたものではないのである。

将軍義教の時代になると、一四二八年（正長元）、南奥州《おうしゅう》の地域紛争をめぐって両府は対立した。室町幕府は白川（白河結城）氏、鎌倉府は石川氏をそれぞれ援助したのである。鎌倉府は、これを契機に軍勢を北関東へ派兵した。とくに下野《しもつけ》国那須へ向かった一色直兼《いっしきなおかね》勢は、上《かみ》那須氏本拠の黒羽《くろばね》城を取り囲んだ。上那須氏は、いわゆる京都扶持衆であった。このとき足利氏一族として陸奥《むつ》国にいた足利満直《みつなお》（篠川《ささがわ》公方）は、室町幕府に東国出兵を要請し、持氏討伐を促している。満直は、持氏の叔父であったが鎌倉府との関係を断っており、京都の将軍義教との連携を選んだのである。満直の望みは、鎌倉公方の地位であった（『満済准后日記』）。将軍義教に対して、持氏征討を要請する足利氏一族が東国社会に存在した事実は、永享の乱の前提条件として重要な意味をもつ。

しかし、室町幕府中枢の諸大名、とりわけ管領斯波《しば》義淳は武力衝突を回避しようと尽力した。また鎌倉府側でも、関東管領上杉憲実が室町幕府との融和を模索した。結果、鎌倉府は使節を上洛させ、一四三一年（永享三）七月に両府は和平協定を交わした。しかし、上洛中の使節二階堂盛秀（鎌倉府政所執事）が誓約の告文《こうもん》（起請文）を提出したのみで、持氏自身の告文は後日送達するものとされた。これは義持時代に比して、室町幕府が譲歩したとも受け取られかねない措置であった。室町幕府がこれを許容した背景には、大内盛見《おおうちもりはる》の敗死など、九州情勢の悪化があった。

室町幕府と鎌倉府の対立状況は、その後も人びとの風説によってかたちづくられ、社会にひろく浸透していった。たとえば、伊勢国の後南朝勢力と持氏の連携という巷説（『薩戒記《さつかいき》』）、尾張国を発信源とする持氏が征夷大将軍に補任されるとの流言（『満済准后日記』）、などがよく知られている。

†関東管領上杉憲実の役割と動向

越後上杉氏出身の上杉憲実は、関東管領山内《やまのうち》上杉憲基《のりもと》の早世にともなう後継家督として、一四一八年（応永二十五）、鎌倉に迎えられた。わずか九歳であった。しかしその翌々年には関東管領としての徴証《ちようしよう》がある。

関東管領の職務の基幹は、①鎌倉公方家の執事、②引付《ひきつけ》機能の統括、③京都との通交業務である。永享の乱前の憲実は、持氏を補佐する関東管領ながらも室町幕府に親和的な態度をとったとされる。当時の室町幕府中枢もそのように認識していた（『満済准后日記』）。この理由として、持氏期鎌倉府における関東管領の職務の変容が考えられる。とくに永享年間、憲実は施行状《しぎようじよう》など関東管領奉書の発給数を著しく減らしている。つまり関東管領の職務のうち①②は機能不全の状態にあったのである。そのため憲実は、関東管領としての存在意義を③に見出していたとみることもできよう。山内上杉氏の在京雑掌《ざつしよう》判門田《はねだ》氏が、このころ京都での活動を活発化させることもそれを裏づける。

永享の乱にいたるまでの十年間、室町幕府と鎌倉府の関係はいくつかの特徴的な事象をともなって推移した。たとえば持氏は、正長から永享への改元を拒み、正長四年（＝永享三年）まで旧年号を使用しつづけた。それに対抗して義教は、一四三二年（永享四）、富士山遊覧と称して駿河国へ赴いた。将軍自身が、室町幕府と鎌倉府の管轄境界まで足を運んだのである。そうした緊張関係のなか、憲実は、いずれの場面でも関東管領として両府のあいだを取り持つ姿が散見される（『満済准后日記』）。ついで一四三四年（永享六）、持氏は鶴岡八幡宮に大勝金剛像を造立し、朱書きの意趣書（願文）を納めた（『鶴岡八幡宮文書』）。これには「呪詛《じゆそ》の怨敵《おんてき》を未兆《みちよう》に攘《はら》う」との一文がみえ、義教にむけた持氏の対抗意識とみるむきもある。また同じころ、比叡山延暦寺が持氏と同心して上洛を促しているとの風説も出現した（『看聞《かんもん》日記』）。

さらに、室町幕府と鎌倉府の管轄境界における地域社会の諸問題も、両府の抗争に結びついていった。たとえば駿河国では、守護今川範政《のりまさ》が子息千代秋丸を後継家督に据えたいと望んだが、義教はこれを許さなかった（『満済准后日記』）。母が扇谷《おうぎがやつ》上杉氏定《うじさだ》の娘であったため、鎌倉府の影響力が駿河におよぶことを嫌ったためとみられる。また信濃《しなの》国では、守護小笠原政康と国人村上頼清《よりきよ》が紛争状態にあったが、持氏はそれに乗じて村上氏援助の軍勢派遣を企図したという。しかし、信濃は室町幕府管轄国である。この信濃出兵の可否をめぐり、憲実は一四三七年（永享九）、相模《さがみ》国藤沢《ふじさわ》にて持氏近臣榎下《えのした》上杉憲直《のりなお》と対陣するにいたった（『看聞日記』『臼田文書』『小林文書』）。実質的に永享の乱の戦端がひらかれたのである。

持氏期鎌倉府の軍勢は、さきの一色直兼やこの榎下上杉憲直など持氏母方の縁者たちが主導していた。これは、専制体制と形容される持氏期の鎌倉府が、多様性・汎用性を欠く人員構成であったことを明示している。

†永享の乱の推移

一四三八年（永享十）、持氏は六月に嫡男賢王《けんおう》丸を元服させ、義久《よしひさ》と名乗らせた。将軍義教の偏諱《へんき》「教」を拝領せず、京都将軍家の通字《とおりじ》「義」を自撰したのである。憲実はこれに異を唱え、元服儀礼に参じなかったという。持氏と憲実が決裂したことを象徴する出来事であった（『看聞日記』）。

憲実は七月下旬に鎌倉を去り、上野《こうずけ》国へ向かった。上野は、歴代山内上杉氏が守護職を継承する拠点のひとつであった。室町幕府は、八月上旬には憲実の援助を駿河今川氏や陸奥足利満直・伊達氏らに命じている（『足利将軍御内書幷奉書留』）。

一方、持氏は憲実を追ってみずから出陣し、八月十六日には武蔵国府中の高安寺《こうあんじ》に着陣した（『古証文二』）。持氏勢は憲実追討を掲げ、近臣一色持家《もちいえ》らが上野国神流川《かんながわ》まで進軍した。また持氏勢の下《しも》那須持資《もちすけ》は、下野国小山《おやま》の祇園城を襲っている（『那須文書』）。憲実与党の小山持政らも追討対象とされていたのである。

しかし九月下旬になると戦況は一変する。上野方面では、信濃守護小笠原氏ら室町幕府勢が同国板鼻《いたはな》に着陣し、憲実は一色勢を圧迫しはじめた（『勝山小笠原文書』）。また、箱根方面では、持氏勢の大森氏・箱根権現別当らが室町幕府勢の侵入を防いでいたが、足柄《あしがら》峠から今川勢が相模国に入り、箱根峠でも室町幕府勢主力がこれを破った（『看聞日記』）。

危機感をもった持氏は、榎下上杉憲直勢を箱根山麓にむかわせたが風祭《かざまつり》・小田原などで大敗した（『足利将軍御内書并奉書留』）。そして持氏自身も武蔵国府中から相模国海老名《えびな》へ移陣した。同地は、近臣海老名氏の本拠であった。海老名陣には、上野から退却した一色持家らも合流した。常陸国人筑波潤朝《つくばじゅんちょう》は、ここで鎌倉に戻って義久を警固することを命じられた（『古証文二』）。おそらく持氏自身も劣勢であることを客観的に把握したのである。すでに十月上旬、役割を終えたとみた小笠原氏が室町幕府に信濃帰国を希望していることもこれを裏づける（『勝山小笠原文書』）。

十月十九日、憲実は、室町幕府勢の越後守護代長尾実景《さねかげ》らとともに武蔵国府中へ移陣した（『上杉家文書』）。常陸国人真壁朝幹《とももと》が海老名陣を退去して山内上杉氏のもとへ走るなど（『真壁文書』）、持氏勢・海老名陣からの離反・逐電《ちくでん》があいついだ。鎌倉留守役の三浦時高《みうらときたか》が本拠三浦へ退去のうえ離反し、十一月一日、鎌倉の公方御所を襲撃したことはその一例である（『看聞日記』）。このとき持氏母や子息義久は鎌倉扇谷に移っている（『古証文二』）。扇谷上杉氏が身柄を預かったと考えられる。

持氏は、鎌倉へ向かう山内上杉氏家宰《かさい》長尾忠政と接触し、一色直兼・一色持家や榎下上杉憲直ら近臣層の処分に合意したという。十一月七日、持氏近臣は金沢・六浦《むつら》や鎌倉の諸寺院で自害させられ、首級は京都へ送られた。このうち一色直兼、榎下上杉憲直・憲家父子、海老名氏らは強く抵抗したとみられ、京都には討死と伝聞されている（『看聞日記』）。

持氏は、剃髪のうえ鎌倉永安寺《ようあんじ》に拘束された。十二月五日、将軍義教は、憲実に持氏自害の遅延を譴責《けんせき》している（『足利将軍御内書并奉書留』）。憲実は、持氏・義久父子の助命を求めて交渉したが（『建内記』『看聞日記』）、翌一四三九年（永享十一）二月十日、持氏は永安寺で自害した。扇谷上杉持朝《もちとも》・千葉《ちば》胤直《たねなお》がこれに対応したといわれる。また同二十八日、義久も鎌倉報国寺《ほうこくじ》にて自害した（『師郷記《もろさとき》』）。しかし、持氏子息のうち安王《あんおう》丸・春王《しゅんおう》丸らは鎌倉から逃れ、その後も下総《しもうさ》国結城で結城氏朝らとともに武力抗争を続けた。これが、いわゆる結城合戦である。

†将軍足利義教の東国政策

将軍義教は、永享の乱にさいして駿河守護今川氏、信濃守護小笠原氏、越後守護代長尾氏のほか、東海道諸国の守護・奉公衆を室町幕府勢として発向させた。美濃守護土岐持益《もちます》、三河守護一色義貫《よしつら》、遠江守護代甲斐将久《ゆきひさ》らである（『看聞日記』『公名公記』）。あわせて義教は治罰綸旨《ちばつりんじ》を用意し、錦御旗《にしきのみはた》を調進した。かつて持氏が正長から永享への改元を拒否するなど、国家の枠組みから逸脱する行為を行ったことが関係しているのであろう。さらに義教は、みずからの出陣も強く希望していた（『師郷記』『看聞日記』）。とくに錦御旗の調進には、将軍自身が率いる軍勢の格式を整える意味合いもあったのであろう。なお錦御旗は、義教自身の出陣が取りやめになったため、足利満直（篠川公方）に与えられた（『看聞日記』）。

義教は、持氏自害後、みずからの子息を新鎌倉公方とする手続きをすすめた。その候補は、のちに京都小松谷《こまつだに》本願寺（律宗）長老となる義永（当時六歳）であった。一四三九年（永享十一）七月二日には、大規模な祝賀儀礼も催された（『蔭涼軒日録《いんりょうけんにちろく》』『師郷記』『薩戒記目録』『東寺廿一口方評定引付』）。しかし、子息義永を新鎌倉公方とする計画は実現しなかった。永享の乱後、鎌倉公方の補佐役である関東管領の憲実が出家・隠遁《いんとん》し、義永を新公方として派遣する環境が整わなかったためであろう。しかしこの義教の東国統治構想はそのまま引き継がれ、のちの享徳《きょうとく》の乱時、新鎌倉公方として義教の子息政知《まさとも》（堀越《ほりごえ》公方）が派遣された。政知は、義永の弟、すなわち八代将軍義政の兄であった。

義教は、憲実の懇望にもかかわらず、持氏・義久父子の自害を強要した。しかし、鎌倉公方と関東管領を中心とする鎌倉府体制の枠組みそのものを解体する志向性は皆無であった。当時の義教は、畿内・西日本の有力大名の家督問題にひろく介入していたことが知られる。あるいは義教は、持氏についても鎌倉公方家の家督改替という意識で臨んだのであろうか。

†永享の乱の本質

室町幕府による東国への軍事行動は、義持の時代にその淵源がある。したがって義教の個性に帰する問題ではない。永享の乱を深く理解するには、合戦そのものではなく、義持～義教期の政治情勢と社会動向をひろく通覧する必要がある。

将軍義教は、持氏征討において室町幕府勢のすべてを投入したわけではない。ところが持氏は、この限定された軍勢に対してさえ有効な対応ができなかった。持氏期鎌倉府は、専制体制と形容されることが多い。しかし永享の乱の推移をみると、鎌倉府勢の運用は一色氏や榎下上杉氏ら持氏母方の近親者に依存していった実態がうかびあがる。このことは、正長年間の京都扶持衆の討伐時から改変されることはなかった。また持氏は、鎌倉府奉公衆の拡充をはかったとされる。しかし、鎌倉期以来の伝統的武家が蟠踞《ばんきょ》する東国社会において、その遺制を克服した恣意的な編成が可能であったのかは検討の余地がある。持氏専制を軍事面で支えた一色氏や榎下上杉氏に関する残存史料の少なさは、それを示唆している。

永享の乱中、持氏が鎌倉府の軍事拠点の象徴・武蔵国府中を離れ、信頼する近臣海老名氏の本拠・相模国海老名へ移陣した理由は、表向きは箱根方面への戦線対応だが、実情は身体生命への危機対応だったのではなかろうか。おそらく持氏は、海老名に移陣した段階で、鎌倉公方としての政治生命を終えていたのである。鎌倉府侍所《さむらいどころ》の千葉氏が、府中から海老名への移陣に供奉せず帰国したとの逸話は、体制崩壊の表象ととらえられよう。

義教は、持氏の排除には固執したが、鎌倉府の解体はまったく企図しなかった。義教は、鎌倉公方家という「家」の存続方針では一貫していたのである。子息義永の派遣計画は、東国社会の統御には鎌倉府という統治組織が必要であるとの認識であったことを明示している。そしてこの考え方こそが、畿内・西日本とは異なる東国武家社会の独自性・地域性をふまえた室町幕府の東国政策そのものであったといえる。

さらに詳しく知るための参考文献

渡辺世祐『関東中心足利時代之研究』(雄山閣、一九二六、のち改訂版、新人物往来社、一九九五)……本書によって室町期東国研究の基盤がかたちづくられた。その流麗な文語体に魅了される研究者も多い。

『神奈川県史』通史編1 原始・古代・中世(神奈川県、一九八一)……鎌倉府関係の古文書を網羅した重厚な資料編の編纂をふまえて執筆・公刊された。自治体史の白眉である。

田辺久子『上杉憲実』(吉川弘文館、一九九九)……永享の乱時に関東管領であった上杉憲実の人物伝である。当時、憲実は二十九歳であった。

黒田基樹編『足利持氏とその時代』(関東足利氏の歴史 第4巻、戎光祥出版、二〇一六)……持氏期鎌倉府に関する最新の学術成果が、研究史整理・新出史料をふまえて総合的にまとめられている。

第7講
享徳の乱

阿部能久

†戦国時代への扉を開いた戦乱

享徳《きょうとく》の乱とは、一四五四年（享徳三）十二月二十七日に時の関東公方《かんとうくぼう》（鎌倉公方）足利成《あしかがしげ》氏《うじ》が、その補佐役である関東管領上杉憲忠《かんれいうえすぎのりただ》を謀殺したことに端を発し、その後三十年近く続いた内乱のことである。この争乱は、一九六三年（昭和三十八）に峰岸純夫《みねぎしすみお》氏が勃発時の年号をとって「享徳の乱」と呼ぶことを提唱する（峰岸純夫「東国における十五世紀後半の内乱の意義」〔同『中世の東国　地域と権力』東京大学出版会、一九八九年、初出一九六三年〕）まで名称すらなかったことからもうかがわれるように、それまではほとんど等閑視されていたといっても過言ではない。

しかし、その後の研究の進展により、一般的には一四六七年（応仁《おうにん》元）に起こった応仁の乱によって、戦国時代へ移行したと考えられてきたのに対し、関東ではこの享徳の乱の勃発によって戦国状態に突入したこと、さらには享徳の乱の展開が、応仁の乱そのものにも影響を与えていたことが明らかにされてきている。このように現在では、戦国時代への扉を開いた戦乱として、享徳の乱の評価が確立するに至っている。

†江の島合戦

さて、そのような享徳の乱であるが、その遠因は第6講でみた永享《えいきょう》の乱にさかのぼる。一四三八年（永享十）から翌年にかけての永享の乱において関東公方足利持氏《もちうじ》が敗死した後、関東府（鎌倉府）は公方不在の状況が続いていたが、幕府は一四四七年（文安《ぶんあん》四）三月に、当時信濃の大井氏の庇護下にあった持氏の遺児万寿王丸《まんじゅおうまる》が関東公方に就任することを承認し、これを受けて万寿王丸は同年八月に鎌倉へ帰還した。一四四九年（宝徳《ほうとく》元）に万寿王丸は元服し、将軍義成《よししげ》（後の義政《よしまさ》）の一字を得て成氏と名乗った。そして関東管領として成氏の補佐にあたったのが、永享の乱で持氏を敗死に追い込んだ前関東管領山内《やまのうち》上杉憲実《のりざね》の子、憲忠であった。

成氏は幕府、特に成氏に好意的な畠山《はたけやま》氏等の幕閣との協調のもとで、関東府の再建を図ろうとしていた。しかし、成氏の関東公方就任が、持氏の旧臣や北関東の豪族等からの期待を担うものであった以上、永享の乱やその後起こった結城《ゆうき》合戦《かっせん》で彼らを打倒・圧迫することによって勢力を伸張させてきた関東管領上杉氏やその被官の長尾《ながお》・太田《おおた》氏等とは、利害が対立するようになる。

その結果引き起こされたのが、一四五〇年（宝徳二）四月に起こった江《え》の島合戦《しまかっせん》である。関東管領上杉憲忠の家宰《かさい》である長尾景仲《かげなか》や、扇谷《おうぎがやつ》上杉氏家宰の太田資清《すけきよ》との対立が激化したことから、成氏は四月二十日の夜に鎌倉から江の島に移った。これに対し、翌二十一日に景仲・資清が軍勢を率いて腰越《こしごえ》まで押し寄せて合戦となり、次いで由比ヶ浜《ゆいがはま》に移って戦ったが、千葉《ちば》・小田《おだ》・宇都宮《うつのみや》氏等が成氏方として奮戦して長尾・太田軍を打ち破り、その一部を扇谷上杉氏の拠点である相模国《さがみのくに》糟屋《かすや》（神奈川県伊勢原市）へ敗走させている。

やがて幕府の仲介もあって、両者は和睦することとなるが、成氏方が強く望んだ関東管領の更迭や、景仲・資清らへの処罰は実現しなかった。彼らが赦免され関東府に復帰するにおよび、江の島合戦は根本的な矛盾の解決をみないまま終結を迎えることになる。成氏のもとに集《つど》った人々の勢力回復への期待は挫折を余儀なくされたのである。

さらに一四五二年（享徳元）には、幕府管領が親成氏派であった畠山持国《もちくに》から親上杉派の細川勝元《ほそかわかつもと》に交代したことにより、幕府権力を背景に関東府の再建を目指そうとする成氏の構想も頓挫することとなる。このような状況を打破すべく成氏がとった行動が、関東管領上杉憲忠の暗殺であり、この暗殺を契機に勃発したのが享徳の乱である。

†享徳の乱の勃発

一四五四年（享徳三）十二月二十七日、成氏は憲忠を鎌倉西御門《にしみかど》にあった公方御所に招き寄せて謀殺した。そして同時に憲忠の屋敷のある鎌倉山内《やまのうち》一帯に夜討ちをかけたのである。この同時作戦の様相から、憲忠暗殺が成氏方によって計画的に実行されたものであったことがうかがえる。この成氏の行動によって、上杉氏側は当主憲忠の他に、江の島合戦後長尾景仲に替わって家宰となっていた長尾実景《さねかげ》父子らが討ち取られるなど、大打撃を受けることになる。

成氏は翌一四五五（享徳四）正月早々に鎌倉を発向すると、六日に相模島河原（神奈川県平塚市）、二十一〜二日には武蔵高幡《むさしたかはた》（東京都日野市）・分倍河原《ぶばいがわら》（東京都府中市）で上杉勢と合戦し、これを打ち破った。上杉氏側は犬懸《いぬがけ》上杉憲顕《のりあき》や扇谷上杉顕房《あきふさ》らが戦死し、長尾景仲は常陸小栗城《ひたちおぐりじょう》（茨城県筑西市《ちくせい》）への敗走を余儀なくされている。このように乱の序盤は成氏方に有利に展開することになる。

武蔵を転戦し二月十八日には武蔵村岡《むらおか》（埼玉県熊谷市）に在陣していた成氏は、その後三月三日までの間に下総古河《しもうさこが》（茨城県古河市）に入ったようである。この後も成氏は関東各地を転戦するが、やがてこの古河に公方の本拠地が移されることになる。

上杉憲忠の暗殺を契機とする足利成氏と上杉氏の武力衝突に対して、室町幕府将軍足利義政は一四五五年（享徳四）正月十六日には信濃の小笠原光康《おがさわらみつやす》に上杉氏への協力を命じ、この乱における上杉氏支持の方針を明らかにしている。そして三月二十八日には後花園《ごはなぞの》天皇から成氏追討の御旗《みはた》が下賜《かし》され、それと同時に当時在京奉公の身であった憲忠の弟房顕《ふさあき》が関東に向けて出陣した。房顕は長尾景仲らの申請に基づいて山内上杉氏の家督継承者と認定され、関東へ向かったのである。ここに成氏は父持氏と同様に、朝敵として討伐されることになった。これに対し成氏は、独自の軍旗を自陣営の武士に下賜し、自らの正当性を誇示することに努めている。

図１　足利成氏軍旗（復元制作。古河歴史博物館蔵）

†足利政知の関東下向と五十子陣の形成

これまでみてきたように、享徳の乱序盤の戦況は、成氏方に有利に展開していた。この状況のもと、成氏は幕府との関係修復を試みようとする。一四五六年（康正《こうしょう》二）のものとみられる、幕府管領細川勝元に宛てた書状の中で成氏は、関東管領上杉憲忠や扇谷上杉持朝、山内上杉氏家宰長尾景仲らの非道ぶりを訴え、やむを得ず彼らを誅罰《ちゅうばつ》したという論理を展開している。そして幕府に対する反逆の意志がないにもかかわらず、多くの讒言《ざんげん》により幕府から討伐される事態に至ったことへの無念さを述べている。成氏は憲忠殺害に端を発する一連の行動が幕府に対する謀反のあらわれではないことを強調し、この弁明が将軍に披露されることを望んだが、結局回答は得られなかった。将軍義政にとって成氏の憲忠誅罰の論理や、成氏方優勢のもとで推移する関東の現状は、認め難いものだったのである。

義政が成氏と妥協する意志のなかったことは、成氏に替わる新たな関東公方として兄弟を関東に派遣したことにもあらわれている。一四五七年（康正三）七月までに、天龍寺香厳院主《きょうごんいんす》であった義政の庶兄を還俗させ、新たな関東公方とすることが決定した。これが政知《まさとも》である。政知は翌一四五八年（長禄《ちょうろく》二）五月から八月の間に関東へ下向したようである。そして伊豆《いず》堀越《ほりごえ》（静岡県伊豆の国市）を拠点としたことから、堀越公方と呼ばれるようになる。

政知の関東下向と前後して、上杉方の攻守網もようやく整備されてくるようになる。特に古河に対する拠点として形成されたのが、武蔵五十子《いかっこ》陣（埼玉県本庄市）で、一四五九年（長禄三）までには完成し、関東管領上杉房顕以下の上杉方諸将が滞陣するようになる。越

図２　享徳の乱関係地図（阿部 2006、37 頁より）

後守護上杉房定《ふささだ》や、堀越公方足利政知の補佐役である渋川義鏡《しぶかわよしかね》の軍勢も合流した。

反撃体制の整った上杉方は古河に向かって進撃を開始し、成氏方はこれを迎え撃った。同年十月十四日に武蔵の太田荘《おおたのしょう》（埼玉県鴻巣市《こうのすし》付近か）、翌十五日には上野《こうずけ》の海老瀬口《えびせぐち》（群馬県板倉町）および羽継原《はねつぐはら》（群馬県館林市）で戦いがあり、特に羽継原では激戦が展開された。上杉方は上杉教房が戦死するなどの打撃を受け、敗北した。

一方勝利した成氏方も、決して安泰とはいえない状況であった。上杉憲忠謀殺に際し山内上杉氏邸に夜討ちをかけるなど、乱の当初より有力な成氏党として活躍していた上野の岩松持国《いわまつもちくに》が、一連の合戦を前に上杉方に寝返っていたからである。このように両軍とも決め手を欠くなか、戦況は次第に膠着していくこととなる。

†長尾景春の乱

一四六七年（応仁元）、京都で応仁の乱が勃発する。乱の要因は様々であるが、関東の争乱に積極的に介入しようとする将軍義政と、その下で長期間管領を務めていた細川勝元に対する、管領斯波義廉《しばよしかど》（渋川義鏡の実子）や山名宗全《やまなそうぜん》・畠山義就《よしひろ》らの反発も、その一因であると考えられている。つまり応仁の乱は、享徳の乱という関東の大乱が波及して起こった内乱でもあったのである。

一四七一年（文明三）に入ると、膠着していた戦況が大きく動くことになる。三月に成氏方は小山持政《おやまもちまさ》・結城氏広《ゆうきうじひろ》らが中心となって箱根を越え、伊豆の政知を攻めるという大攻勢に出たものの、敗れて古河へと退却した。これを機に上杉方の大規模な反攻が開始され、その投降呼びかけに応えて小山・小田氏らが成氏方から離反した結果、同年五月から始まる長尾景信《かげのぶ》（景仲の子）の古河城攻撃により、六月に成氏は古河からの脱出を余儀なくされる。

しかし、下総本佐倉《もとさくら》（千葉県酒々井町《しすいまち》）の千葉孝胤《のりたね》の許へ逃れた成氏は、弟の雪下殿《ゆきのしたどの》（鶴岡八幡宮若宮別当）尊敒《そんじょう》や結城氏広らの助勢を得て、翌年の春には古河城を奪回することに成功する。戦いの勃発からすでに十七年、このように成氏方・上杉方ともに決め手を欠く状況で、享徳の乱は長期化していったのである。

足利成氏が古河城を奪回した翌年の一四七三年（文明五）六月、山内上杉氏家宰の長尾景信が死亡した。家宰職を継いだのは、景信の実弟で総社《そうじゃ》長尾氏の当主となっていた長尾忠景《ただかげ》であった。しかし景信の嫡男で白井《しろい》長尾氏を継いだ景春《かげはる》は、この決定を不服とし、山内上杉氏の当主である関東管領上杉顕定《あきさだ》（房顕の後継者）に対し、遺恨を抱くようになる。

一四七六年（文明八）、景春はみずからの軍勢を率いて五十子陣を離れ、南方の鉢形城《はちがたじょう》（埼玉県寄居町）に拠って反抗の姿勢を鮮明にした。そして翌一四七七年（文明九）正月十八日、ついに景春は鉢形城を出て五十子陣を急襲、不意をつかれた上杉方は大敗し、関東管領上杉顕定と扇谷上杉定正《さだまさ》は上野方面へ逃走した。この景春の挙兵を「長尾景春の乱」という。これによって一四五九年（長禄三）以来、対成氏戦における上杉方の最大の拠点であった五十子陣は、内部から崩壊することとなった。

このような景春の動きに迅速に対応したのが、扇谷上杉氏家宰の太田道灌《どうかん》（資清の子）であった。一四七七年（文明九）四月に景春方の石神井城《しゃくじいじょう》（東京都練馬区）を攻略したのを皮切りに勝利を重ね、上杉陣営の立て直しに成功する。この後、成氏が景春を支援したことにより、成氏と上杉氏との対立が再燃するが、やがて両者の間で和睦交渉が進められることになる。その結果、一四七八年（文明十）正月、上杉氏が成氏と幕府の和睦の取り次ぎをするという条件で和睦が成立した。この後道灌はさらに景春を追い込み、その拠点である鉢形城を奪取した。鉢形城には関東管領上杉顕定が入城し、あらたな山内上杉氏の拠点となっていく。

†都鄙和睦

足利成氏の支援を失い、鉢形城も失ったものの、景春の上杉氏への抵抗は続いた。秩父を拠点に敵対行動を繰り返す景春や、これに与同する下総の千葉孝胤らに対し、顕定や道灌の攻撃が続くことになる。

さて、上杉氏との和睦に至った成氏であるが、その最大の理由は先にもみたように、上杉氏が成氏と幕府の和睦を仲介することを約したからであった。しかし、上杉氏と景春の戦いが続いていたこともあって、事態は成氏の望むようには進まなかった。この状況に不満を覚えた成氏は、再び景春と結ぶことを考えたようである。一四八〇年（文明十二）二月二十五日、幕府首脳である細川政元《まさもと》（勝元の子）に宛てた書状の中で成氏は、顕定や定正に和睦交渉を任せていたが、二年もたつというのに申し入れすらなされていないことに不満を述べ、これに替えて景春を名代として交渉する意志を表明している。

このような成氏と景春の再接近を受け、上杉方は景春への攻勢を強めることになる。一四八〇年六月、上杉方は景春の拠る日野城（埼玉県秩父市）を攻め、落城に追い込んだ。景春は成氏のもとへと逃れ、ここに三年半ちかく続いた長尾景春の乱は終結した。

そしてこの後、成氏が幕府との和睦交渉において期待したのが、越後守護で関東管領顕定の実父でもある上杉房定であった。房定は享徳の乱が勃発すると越後から上野へ出陣し、しばらくの間関東にとどまり上杉方の主力として活躍した人物である。関東管領の父であり、幕府の信頼も厚い房定は、まさに仲介役にうってつけであったといえよう。一四八〇年七月、成氏は房定に書状を送り幕府への取り成しを依頼し、これに応えて房定は十月、細川政元に「都鄙御合体事《とひごがったいのこと》」を足利義政に申し入れるよう、書状をしたためている。義政は一四七三年（文明五）に息子の義尚《よしひさ》に将軍職を譲っていたが、当時も大御所として実権を握っていたのである。

交渉が重ねられた結果、一四八二年（文明十四）十一月二十七日に、大御所義政から成氏と房定に対し、和睦を受け入れる旨の御内書《ごないしょ》（書状形式の将軍の直状《じきじょう》）が発給された。この和睦のことを、「都鄙和睦」とか「都鄙合体」と呼んでいる。上杉憲忠の謀殺に端を発し、関東の諸勢力や幕府をも巻き込んで二十八年もの間続いた享徳の大乱は、ここに終結したのである。

この都鄙和睦にあたって大きな問題となったのが、成氏に替わる関東公方として伊豆堀越にあった、義政の庶兄である政知の処遇であった。義政の御内書と同日に、政所執事で幕府の実力者であった伊勢貞宗《いせさだむね》から房定に出された書状によれば、和睦によって政知が得たのは、山内上杉氏の守護国であった伊豆と、成氏から譲られた御料所《ごりょうしょ》の一部であったことがわかる。義政としては、かろうじて政知に対する最低限の保証は得たものの、享徳の乱の張本人であり、朝敵にまでなった成氏の責任を問うことはできなかったのである。一方、成氏からすると、三十年ちかい争乱を経て、幕府に現状を承認させることに成功したのである。

†太田道灌の謀殺と長享の乱

一四八二年（文明十四）の都鄙和睦によって享徳の乱は終結するが、三十年ちかく続いた争乱によって、東国社会は根底から大きく揺さぶられることとなった。幕府に関東公方の地位を認めさせた成氏であったが、もはや鎌倉を本拠地としたかつての公方のように関東全体を支配する存在ではなく、古河を中心に旧利根川の北部地域を基盤とする政治権力へと変容していた。ただし、その権威性はいまだ非常に高いものがあり、関東の諸勢力にとって無視し得ないものであった。

成氏と対峙した関東管領山内上杉氏も、乱の渦中で憲忠・房顕といった当主たちを若くして失い、さらには重臣の長尾景春が反乱を起こしたことから、その権力基盤は大きく揺らいでいた。一方、その一族である扇谷上杉氏は、享徳の乱における家宰太田道灌の活躍もあって、急速に勢いを伸ばしていた。

ところが一四八六年（文明十八）七月二十六日、その道灌が主君である扇谷上杉定正によって殺害されるという大事件が起こった。相模国糟屋の定正の館に招かれていた道灌は、暗殺者に斬りつけられた際に、「当方滅亡」と叫んだと伝えられる。定正が道灌を暗殺した理由ははっきりしないが、享徳の乱以降の活躍によって道灌が主家を凌ぐ力を持つことを、定正が警戒したためではないかともいわれている。

武略に優れていたのみならず、文化人としても高い名声を得ていた道灌の非業の死は、関東の諸氏に動揺を与えた。この機を逃さなかったのが、扇谷上杉氏の台頭を脅威に感じていた関東管領上杉顕定である。道灌遺児の資康《すけやす》が庇護を求めて、顕定の居城である鉢形城に入ったこともあり、顕定は定正との対決姿勢を鮮明にする。越後守護である父房定の名代として上野白井城（群馬県渋川市）にいた兄の定昌《さだまさ》と連携しながら、上野の武士たちを味方につけていった。一方の定正は、足利成氏の支援を得ることに成功し、成氏のもとにいた長尾景春も味方につけた。

翌一四八七年（長享《ちょうきょう》元）閏《うるう》十一月、白井城の上杉定昌が、下野《しもつけ》足利（栃木県足利市）の勧農城《かんのうじょう》に攻め寄せた。この後、山内上杉氏と扇谷上杉氏の抗争が本格化する。これを「長享の乱」と呼ぶ。

長享の乱もまた、十八年も続く大乱となった。その過程では、京都から東国に下ってきた伊勢《いせ》盛時《もりとき》（宗瑞《そうずい》）の活躍がみられるなど、戦国時代の東国が新たな段階に入ったことがうかがわれる。一五〇五年（永正二）四月、扇谷上杉朝良《ともよし》（定正の甥）が山内上杉顕定に降伏することによって長享の乱は終結するが、その後関東公方家に内紛が発生するなど争乱は続き、その中から戦国大名北条氏が台頭することとなる。

さらに詳しく知るための参考文献

佐藤博信『古河公方足利氏の研究』(校倉書房、一九八九)……古河移座後の関東公方(古河公方)について、関係史料の収集・研究から、多くの基礎的な事実関係を解明した。特に関東公方家が、その貴種性によってかろうじて命脈を保つのみの存在などではなく、関東管領山内上杉氏と協調して主体的に権力を行使し続けていたことを明らかにした点は重要。

阿部能久『戦国期関東公方の研究』(思文閣出版、二〇〇六)……戦国期から江戸初期にかけての関東足利氏について、発給文書の様式や宗教勢力との関わりに注目して考察する。

山田邦明『敗者の日本史8 享徳の乱と太田道灌』(吉川弘文館、二〇一五)……享徳の乱の展開ならびにそこでの太田道灌の活動に注目することにより、十五世紀後半の関東が一大変革期にあったことを論じる。

峰岸純夫『享徳の乱――中世東国の「三十年戦争」』(講談社選書メチエ、二〇一七)……「享徳の乱」の名付け親である著者が、同乱の推移や意義について詳述したもの。享徳の乱についての入門書として最適。

黒田基樹編著『関東足利氏の歴史 第5巻 足利成氏とその時代』(戎光祥出版、二〇一八)……足利成氏に関する基礎的な情報や、成氏期の政治動向についてまとめた論考を収める。巻末の成氏発給文書目録や、成氏・享徳の乱の主要参考文献目録も便利。

第8講

応仁の乱

大薮 海

―いまだに謎が多い大乱

本講で扱う応仁《おうにん》の乱は、本書のなかで最も有名な戦乱といっても過言ではない。しかしながら、いまだに謎が多く、研究者の間でも論争が続けられている。最初に乱に関わる基礎的事項を確認した上で、乱の実態に迫ってみたい。

まずはその名称である。本書の項目名は「応仁の乱」であり、中学校や高校の教科書、一般向けの書籍でもそのように称されているものが大半であろう。しかし研究書などでは、「応仁・文明《ぶんめい》の乱」の名称が定着しつつある。それというのも、「応仁の乱」という名称では、乱の起きていた期間を正確に表すことができていないからである。すなわち、乱の開始は後述するように一四六七年（応仁元）であるものの、乱中の一四六九年に文明へと改元があり、乱が終結したのが一四七七年（文明九）であったため、いわゆる「応仁の乱」

が起きていた時期の元号は、文明である時期の方が長かった。そのため、「応仁・文明の乱」の名称の方が、より実態に即しているのである（ただし、以下では「応仁の乱」、もしくは単に「乱」と表記する）。

次にその期間である。いま右で述べたように、乱の開始は一四六七年で、終結は一四七七年とされ、十年に及ぶ大乱であったことが知られている。しかしそれは東軍対西軍として実際に戦火が交えられた時期を重視した見方であり、乱に至るさまざまな伏線や原因は、それ以前から長期間にわたって醸成されたものであった。また終結についても、完全な終結とはとても言い難いものであった。

そして乱最大の謎が、乱勃発の原因であろう。一般的には、将軍足利義政《あしかがよしまさ》の後継者として義政の弟である義視《よしみ》が擁立されたものの、その後まもなく生まれた実子義尚《よしひさ》を次期将軍としたい日野富子が義視と対立し、それに各大名《たいめい》家の家督争いが絡んで乱が起こり、長期化したと理解されているのではなかろうか。しかしこれについても、将軍家の家督争いは副次的なものであり、本質的な原因は他にあると考えられるようになってきている。

右のような状況を踏まえて本講では、乱勃発の本質的な原因を探るべく、乱の開始時期とされる一四六七年よりかなりさかのぼって叙述を始める。そのため、以下ではさまざまな人物名と元号が飛び交うことになるが、しばらくの間お付き合い願いたい。

†嘉吉の変

南北朝内乱の後に訪れた応永《おうえい》年間（一三九四〜一四二八）は、室町時代のなかで戦乱が最も少なく、相対的に平和な時代であった。室町幕府の将軍でいえば、三代足利義満《よしみつ》・四代義持《よしもち》・五代義量《よしかず》が在職していた時期と重なる。だが、室町時代において将軍の地位はあくまで幕府という機関の長という立場に止まり、政治を実際に左右していたのは足利家の家長たる「室町殿《むろまちどの》」という立場であった。応永年間は、足利義満と足利義持が室町殿であった時期に相当する。室町幕府の最盛期であったといっても過言ではなかろう。

一四二八年（応永三十五）正月、室町殿足利義持が危篤状態に陥った。大名たちは義持に後継者の指名を願い出るも義持がそれを拒んだため、大名たちは困惑した。困り果てた大名たちから相談された醍醐寺三宝院満済《だいごじさんぼういんまんさい》は義持に面会して説得を行い、石清水《いわしみず》八幡宮神前での籤引きによる後継者決定を義持に認めさせた。義持は自らの死後に籤を引き、開封することを条件として満済からの提案を了承したのである（しかし実際にはあらかじめ籤は引かれ、死後まもなく開封がなされた）。そしてその籤に名前があったのがのちの六代将軍となる青蓮院義円《しょうれんいんぎえん》の名であった。

還俗後の義円は当初「義宣《よしのぶ》」と名乗ったが、「ヨシノブ」が「世忍ぶ」に音が通じることを嫌い、「義教《よしのり》」に改名した。義教の政治の成果としては幕府直轄軍たる奉公衆の整備と司法制度の改革（御前落居《ごぜんらっきょ》の実施・奉行人集団の重用）が知られている。また、義教はある国における物事の是非を判断する際に、しばしばその国の「時宜《じぎ》」を気にした。すなわち、その国の状況、具体的には人々の思惑・動向を踏まえた上で、最終決定を下すようにしていたのである。自らの判断が及ぼす影響と、その判断を下した自らに対する評判までを気にしての行動であったのではなかろうか。義教が周囲からの評判を気にする性格であったことは、先に述べた義教改名の件からも明らかであろう。

しかし義教の思い通りにならないことが続き、義満時代からの功臣である畠山満家《はたけやまみついえ》や最高政治顧問である満済が相次いで死去すると、周囲のことを気にする性格が暴走し、疑心暗鬼に陥っていく。義教が室町殿であった時代に処罰された人は百人を超えるとみられ、それは武士に限らず公家衆や僧侶にまで及んだ。いつ義教の怒りに触れてしまうか分からない。まさに「薄氷を踏む時節」（『看聞日記《かんもんにっき》』）であった。

一四四一年（嘉吉《かきつ》元）六月二四日、義教からの処罰を恐れた大名の一人で、播磨《はりま》国守護であった赤松満祐《あかまつみつすけ》とその子である教康《のりやす》によって、義教は暗殺された。臣下による主君の暗殺はまさに下克上であり、室町殿権威の低下は必至であった。「自業自得」「犬死」（『看聞日記』）などの辛辣な言葉を投げかけられた義教の死は、室町殿のあり方にも大きな変化をもたらすことになる。

†上意の不在と義政の朝令暮改

義教亡き後、その後継者となったのは長男の千也茶丸《ちやちやまる》である。しかし、わずか八歳の少年が政治を執ることは難しく、成人するまでのあいだは管領が幼い将軍の代わりを務めることになった。いずれも、諸大名の合議によって決定された。

当時の管領《かんれい》は細川持之《ほそかわもちゆき》である。将軍が幼いときに管領が政務を代行することは足利義満の時代にもあり、その先例に倣《なら》った措置であったのであろう。ところが持之は自身の政務代行に自信が無かったらしく、義教の異母弟にあたる梶井門跡義承《かじいもんぜきぎしよう》による政務代行も検討している。これは千也茶丸の乳父《めのと》である伊勢貞国《いせさだくに》に反対されて撤回されたが、赤松満祐を討伐する際に後花園《ごはなぞの》天皇の綸旨《りんじ》が発給されたのは、持之が自らの命令だけでは心許ないと思い、申請した結果であった。心労も多かったであろう持之は、翌年の四月か五月頃に体調を崩した。義教の一周忌にあたる六月二四日に管領を辞職して出家し、八月に死去した。

持之の後任には畠山持国《はたけやまもちくに》が就任した。同年一一月には義勝《よしかつ》（一四四一年八月に千也茶丸より改名）が征夷大将軍に補任されたものの幼少であることに変わりは無く、管領の執政は続いた。義勝が痢病によりわずか十歳で早世すると、同母弟の少年がその跡を継承した。義勝のときと同じく諸大名の合議による決定である。管領の執政は一四四六年（文安三）にその少年が義成《よししげ》と改名し、一四四九年に元服して征夷大将軍に補任された後も続いた。

わずか十年ほどとはいえ幼少の将軍が続き、事実上「上意」が不在であったことは将軍の権威に大きな影響を与えた。将軍である義成の意向を伺わず、勝手に幕府御教書《みぎょうしょ》や管領奉書《ほうしょ》を発給していることを義成から咎められた管領細川勝元《ほそかわかつもと》が、辞職を表明して抵抗したことすらあった（ただしこの背景には、将軍義成を補佐する畠山持国とそれに対抗する細川勝元の対立も存在）。一四五八年（長禄《ちょうろく》二）に義政（享徳二年〔一四五三〕六月に義成から改名）は、亡父義教の時代をモデルとして親政を行うことを宣言したが、これは、嘉吉の変以前の将軍権威が高かった頃の再来を期してのことであろう。

ところが、事は義政の思惑通りには運ばなかった。最大の原因は、周囲の意見に左右されやすいという、義政の性格にあった。

たとえば、畠山持国の跡をめぐる畠山弥三郎《はたけやまやさぶろう》（持国甥）と義就《よしひろ》（持国子）の対立において義政は、持国の求めに応じて当初は義就を後継者と認定した。その後畠山氏被官や細川勝元・山名《やまな》宗全《そうぜん》が弥三郎を支持すると、今度は弥三郎を後継者と認定した。しかし宗全の失脚後に逃亡した弥三郎に代わって義就が上洛すると、再び義就を後継者と定めた。さらにこれだけにとどまらず、のちには細川勝元の進言を容れて弥三郎を赦免している。こうした義政の朝令暮改傾向は他でもみられ、応仁の乱の素地を形成していくことになる。

†文正の政変

義政自身の判断は迷走していたが、その判断に共通して存在していたのは、将軍権威を復興しようという意志であった。そしてその実現を支えていたのが、義政の近臣たち（今参局《いままいりのつぼね》・有馬元家《ありまもといえ》・烏丸資任《からすまるすけとう》のいわゆる「三魔」。彼らの失脚後は、伊勢貞親《いせさだちか》〔貞国子〕）であり、その対抗勢力が細川勝元や山名宗全を中心とする、諸大名であった。

両者の対立は、斯波《しば》氏の家督争いにおいて最高潮に達した。斯波《しわ》氏は、細川氏や畠山氏と並ぶ三管領家の一つとして知られているが、一四三二年（永享《えいきょう》四）に義淳《よしあつ》が辞職して以降はその地位から遠のいていた。その原因は、当主の相次ぐ早世である。義淳は弟の持有《もちあり》を後継者としていたが、時の将軍義教によって別の弟である義郷《よしさと》が後継者と定められた。しかしその義郷は落馬により命を落とし、跡を継承した遺児の義健《よしたけ》も、わずか十八歳で死去した。その間の家政は甲斐常治《かいじょうち》を代表とする斯波氏被官集団と斯波氏一族の斯波持種《しばもちたね》の合議により行われたが、次第に両者は対立し、持種の子である義敏《よしとし》が義健の跡を継承すると、戦火を交えるに至った（長禄合戦）。この対立で義政は甲斐氏を支持している。義敏は敗れ、周防《すおう》国の大内教弘《おおうちのりひろ》のもとに落ち延びた。斯波氏の家督は、義敏の子である松王丸を経て、足利氏一門渋川義鏡《しぶかわよしかね》の子である義廉《よしかど》に継承された。

やや前置きが長くなったが、この義敏の赦免と上洛をめぐって、義政近臣である伊勢貞親と諸大名が対立したのである。貞親は相国寺蔭凉軒主《しょうこくじいんりょうけんしゅ》季瓊真蘂《きけいしんずい》とともにその実現に奔走し、一四六五年（寛正《かんしょう》六）に実現させた。しかし義敏の上洛が現当主の義廉の脅威となることは必至であり、義廉が反対したのはもちろん、義廉と姻戚関係にある山名宗全・一色義直《いっしきよしなお》・土岐成頼《ときしげより》らが反発し、朝倉孝景《あさくらたかかげ》を中心とする斯波氏被官（かつてその中心にいた甲斐常治は長禄合戦終結時に病死）も義廉を支持した。細川勝元は、かつては伊勢貞親とともに義敏の復帰を後押ししたこともあったが、一四六六年（文正《ぶんしょう》元）七月に義政によって義敏が斯波氏の家督に認定されると、義廉派に転じた。当時勝元が貞親と対立していたことも一因であろうが、義廉も勝元も宗全の娘婿であり、そもそも宗全を中心とする連合が成立しやすかったこともあるのであろう。事実、義政は同年八月に宗全の養女と義廉の婚姻解消を命じて姻戚関係の解体を試みている。

この対立は、思わぬ形で収束することになる。すなわち、伊勢貞親が足利義視に謀反の疑いがあると義政に讒言《ざんげん》したのである。本講冒頭でも触れたように義視は義政の弟で、まだ子を得られていなかった義政によって還俗させられ、次期将軍の地位が約束されていた。貞親は、義視が義廉を支持していたため、あるいは自身が養育する義尚（義政子）の立場を盤石なものにするため、義視の排除を目論んだともされる。さらには、義尚生母の日野富子が義視追い落としに暗躍したとの見方も根強い。いずれにせよ、身の危険を感じた義視は細川勝元の屋敷に逃げ込み、また山名宗全らも義視を支持したため、讒言をした貞親がかえって没落することになった。貞親とともに季瓊真蘂や斯波義敏など、義政の親政を補佐したりそのお陰で地位を獲得できたりした者たちも一斉に没落した。これを文正の政変と呼んでいる。

†前哨戦

義政の近臣集団の崩壊は、すなわち義政親政の挫折であった。嫌疑が晴れた義視は細川勝元の屋敷で政務を執り、その下では細川勝元と山名宗全が「大名頭」として義視を補佐していた。義政はただただ傍観するだけであった（ただし、伊勢貞親の処罰を条件として政変のわずか五日後に政務に復帰する）。

しかし、すぐに次の対立が巻き起こった。今度は、畠山義就の復帰をめぐる対立である。畠山義就と対立した弥三郎が赦免されたことは先にも述べたが、弥三郎はまもなく死去し、弟の弥二郎《やじろう》政長《まさなが》が弥三郎の遺志を継いで抵抗していた。一方の義就は、自身の勝手な振舞によって義政から隠居と屋敷の明け渡しを命じられたことに反抗し、屋敷に火をかけてから下国したため義政の怒りを買い、討伐軍を差し向けられた。義就は幕府軍を相手に二年以上籠城戦を繰り広げたものの、最後は敗れて大和国の吉野に没落していた。その義就が、文正の政変と前後して上洛の気配を見せたのである。

この義就の動きについては、宗全・斯波義廉の動きに呼応したものとみられているが、貞親の誘いに応じたものであったのではないかとの説もある。上洛の動機は不明ながら、義就は足利義視と山名宗全からの支持を取り付けることに成功し、一方の政長は細川勝元の支持を得ていた。勝元は宗全と行動を共にしたものの、義政が政長に味方していたため勝元もそれに同調したとの見方もある。実際に、この義就の動きに対して勝元は討伐軍の編成に積極的に動き、出陣する政長に代わって管領職を引き受けるとまで義政に申し入れを行っている。ここに義政―勝元―政長と義視―宗全―義就という、のちの東西両軍対立の構造が出来上がるのである。ただし、この討伐軍派遣は、義就が軍勢を収めて河内国に下国したため中止となった。一時の安寧を得た京都では大嘗会《だいじょうえ》が挙行されるも、再び義就が強引に上洛してきたため、細川陣営と山名陣営の対立が再燃したまま、新年を迎えることになった。

一四六七年（文正二）正月一日に室町殿（将軍御所）で行われた垸飯《おうばん》に畠山政長は管領として出仕した。翌日には義政が政長の屋敷を訪れる御成《おなり》が予定されており、政長もそのつもりで準備を進めていたが、突然御成が中止になった。政長が義政の命令に従わなかったことが原因ともされるが、義政が例の如く周囲に流されてしまったのかもしれない。政長は畠山氏の家督と越中・河内・紀伊の三ヶ国の守護職、さらには屋敷をも取り上げられた。政長一方の義就は義政と対面を果たし、山名宗全の屋敷を借りて義政の御成も実現させた。義視はその御成に従ったが、畠山政長と彼を支持する細川勝元は出仕しなかった。

勝元は先手を打ち、義政から義就討伐の命令を引き出すことを画策するも事前に情報が漏れて失敗する。宗全側はかえって義政の周囲の警護を厳しくしたため、政長・勝元側は追い込まれていった。

同年正月十七日、政長が上御霊社《かみごりょうしゃ》に陣取り、室町殿に籠もる義就・宗全・一色義直を襲う気配を見せた。勝元も軍勢を集めて政長に加勢するつもりであったが、義政が政長・義就両者への協力を禁止したため、それに従って出陣を取りやめた。しかしその要請を聞いた義就は怒り、宗全も無視して義就とともに政長を攻めたため、孤立無援となった政長は敢えなく敗走した。これは「御霊合戦《ごりょうかっせん》」と呼ばれ、応仁の乱の開始と位置付けられることもある。しかし、同年三月に細川方配下の者と山名方配下の者が喧嘩を起こした際、世の中の争いがすでに収まったところにこのようなことが起きるとは「天魔所為《てんまのそい》」かと書かれているように（『後法興院記《のちのほうこういんき》』）、この後数カ月間は大規模な戦闘が回避されていることから、乱の前哨戦と位置付けるべきであろう。

†開戦

一四六七年（文正二）三月五日に応仁と改元された。改元の理由は「兵革」が起きたからであった（『後法興院記』）。御霊合戦以後も騒動が続く状況下、これ以上の戦乱が起きないようにと願っての改元であったであろう。しかし事態はその願いとは真逆の方向へ動いていく。

先制攻撃を行ったのは細川方であった。同年五月、山名宗全が守護を務める播磨国に細川方の赤松政則《あかまつまさのり》が攻め込んだのである。播磨国は南北朝期以来赤松氏の守護分国であったが、嘉吉の変で赤松満祐が討伐されて以降は、山名氏の守護分国となっていた。越前国でも細川方の斯波義敏が山名方の斯波義廉に対して戦を挑み、伊勢国では細川方の世保《よ》政康《やすまさやす》と山名方の一色義直が対立していた。

わずかに遅れて京中でも合戦が始まり、細川方の武田《たけだ》信賢《のぶかた》と細川成之《ほそかわしげゆき》が一色義直の屋敷に攻めかかった。これに対して山名方も細川勝元の屋敷を襲った。義直の屋敷は室町殿の目の前にあり、しかも内裏《だいり》や公家衆の屋敷が建ち並ぶ上京に位置していた。京都の中心街でも戦闘が始まったのである。京中での合戦は連日におよび、上京を中心に焼亡した。幸運にも焼け残った一部公家衆の屋敷や寺院も、陣所として強制接収された。屋敷の周囲に堀を掘って籠城したり、財産を洛外に避難させたりした公家衆もいたが、縁故を頼って京都から避難する公家衆も多かった。

　事態の拡大を恐れた足利義政は、畠山義就に対してひとまず下国するよう命令し、足利義視も同意していることを示した。大名たちが細川方と山名方に別れて対立した原因は、畠山義就が上洛してきたことにあると義政は考えていたのである。文正の政変直後であれば、この対応は決して誤りではなかったであろう。しかしこの時点の対立においては、細川方が斯波義敏の復権と播磨国をはじめとする赤松氏の旧領回復を要求していたことに加え、正月の御霊合戦での勝元の遺恨（義政からの命令を遵守したために、結果的に世間から敵前逃亡の誹《そし》りを受けることになった）が強く、もはや義就一人の退場では事態の収拾は難しかった。

　六月になると、両陣営の顔ぶれが明らかとなる。それを記す史料の一つである『大乗《だいじょう》院寺《いんじ》社雑事《しゃぞうじ》記《き》』では細川方を「東」、山名方を「西」と呼んでおり、東軍や西軍といった区分けがなされるのもこの頃からであろう（以下、本講でもそのように表記する）。まず東軍方は、細川勝元と成之や勝久《かつひさ》など細川氏一族、斯波義敏、畠山政長、京極持清《きょうごくもちきよ》、赤松政則、武田信賢などであった。一方西軍方は、山名宗全や教之《のりゆき》や豊氏《とようじ》など山名氏一族、斯波義廉、畠山義就、六角高頼《ろっかくたかより》、土岐成頼、一色義直などであった。同四日には、細川勝元の申請に

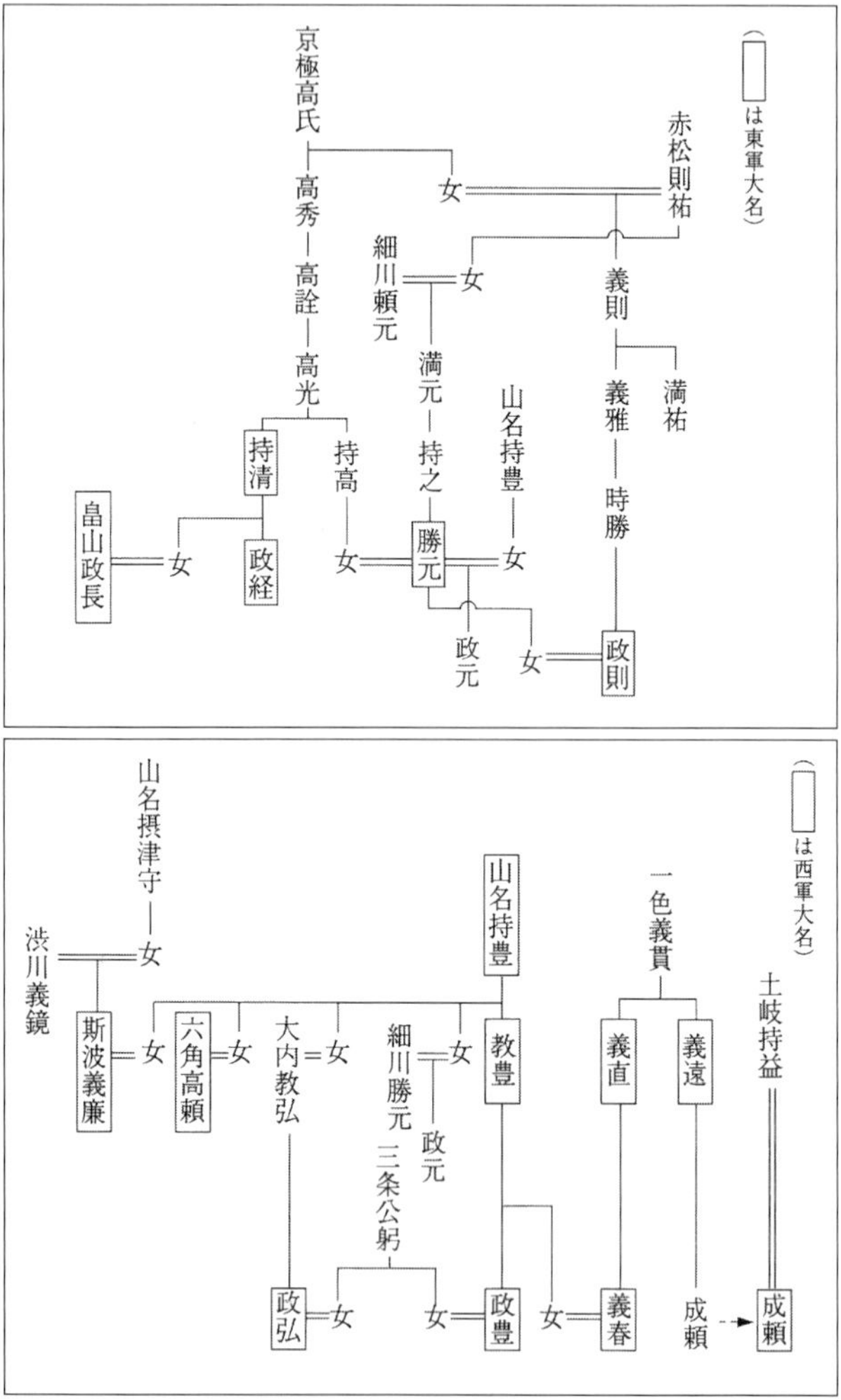

東軍（上）・西軍（下）姻戚関係図（桜井 2001）

基づき、義政から義視に対して「御幡《みはた》」が下賜《かし》された。この幡を掲げた者は幕府軍となり、それに対する側は賊軍になるという、「錦の御旗」的なものである。幡は御幡奉行である一色義直が山名方に持ち出してしまっていたため義政の手元になかったが、わざわざ急いで織らせての下賜であった。すなわち義政は、それまで中立を維持していたものの、ここに至って東軍の支持を表明したのである。そして幡を義視に下賜したことから、東軍の総大将が足利義視であったことも読み取れる。この幡の効果は絶大で、斯波義廉・六角高頼・土岐成頼は屋敷に引き籠もり、義政に降参の申入れまで行っている。将軍の威光は、まだまだ健在であったと評価できよう（ただしこの申入れは、西軍方による時間稼ぎとの見方もある）。また、大名間の私闘であることを理由にこの幡の下賜に異議を唱えた日野勝光《ひのかつみつ》は、細川勝元から屋敷を焼き払われることを恐れて、屋敷の周りに堀を掘って引き籠もった。まもなく義政への近侍《きんじ》を再開するものの、勝光は妹である富子とともに西軍方に通じていたために反対したのであろうと噂された。

†東幕府と西幕府

斯波義廉被官の朝倉孝景の活躍により西軍が局所的に勝利することはあったが、将軍義政を擁する東軍に戦局は有利であった。東軍総大将足利義視は室町殿にあって西軍への内通嫌疑者の掃討に努めていた。

その戦局は、西軍方の大内政弘《おおうちまさひろ》の上洛により大きく変化した。政弘は周防国から大軍を引き連れて上洛し、西軍に有利な状況をもたらしたのである。状況の変化を受けて後花園上皇と後土御門《ごつちみかど》天皇は禁裏を捨てて室町殿に避難した。東軍の勝利に終わるかにみえた争いは、長期化の様相を呈し始めた。

しかもこのとき、足利義視が京都から伊勢北畠《きたばたけ》氏（東軍方）のもとに逃亡した。理由については、細川勝元から西軍への内通を疑われたからであるとか、義尚の継嗣を願う日野富子と対立して敗れた結果であるとか、はたまた西軍からの報復を恐れたからであるなどと考えられている。義視自身が書いた体裁を取る『都落記《みやこおちき》』には、勝元との対立があり、不本意ながら京都を逃れたと書かれている。日野富子や西軍との関係は不明瞭であるが、この記述を信頼するのであれば、東軍内で対立が起きていたことになる。北畠氏が逃亡先として選択されたのは、東軍方でありながら勝元との繋がりが薄かったためであろう。

義視の逃亡は翌一四六八年（応仁二）まで続いた。義政の説得により同年九月に上洛したものの、義政に対して日野勝光らの排除を主張し、義政の不興を買った。さらに義政は、かつて義視を害そうとした伊勢貞親を政務に復帰させるという仕打ちに出た。身の危険すら感じた義視は、同年一一月に西軍方に身を投じることになる。これにより、西軍方にも東軍と同様に〝将軍〟(足利義視)と〝管領〟(斯波義廉、正式には同年七月に罷免)が存在することになり、東西両軍の対立は「東幕府」と「西幕府」の対立に様相を変化させた。一四七〇年(文明二)には、西軍方でかつての南朝の子孫を担ぎ出す動きがみられる。後土御門天皇を擁する東軍に対抗しようとしたのであろう。この試みは失敗に終わったものの、二つの幕府の対立状況に変化はなかった。

†終戦

足利義視の帰洛が間近に迫った一四六八年(応仁二)九月、西軍の主力として活動していた朝倉孝景のもとを、伊勢貞親の使者が訪れた。これは義政の意を受けたものであり、これに応じた孝景は京都を離れて自らの勢力基盤である越前国に下向した。このとき孝景は何らかの条件を提示しており、それを義政・貞親が受け入れたためとみられる。孝景は慎重を期してすぐには動かなかったが、貞親、さらに貞親引退(一四七一年〔文明三〕)後は細川勝元や赤松政則からの働きかけを受け、一四七一年五月に東軍方への寝返りを表明した。孝景は、かつて長禄合戦時に主君と仰ぐことはしないと誓った越前守護斯波義敏と同じ陣営に所属するにあたり、自らを越前守護に補任することを要求し、それに義政側が明確な態度を示さなかったため、ここまでもつれたようである。ひとまず義政は「越前国守護職については孝景の望み通りにする」と記した御内書《ごないしょ》を孝景に発給し、守護職補任の有無については先送りした。結局孝景は守護職に補任されなかったが、以後の朝倉家においてこの義政の御内書は「国拝領御判《くにはいりようのごはん》」として扱われた(『朝倉家記《あさくらけき》』)。

この孝景の寝返りの効果は絶大だった。同年に疫病が流行ったこともあり、戦乱の終結を望む雰囲気は高まっていた。翌一四七二年正月、細川勝元と山名宗全との間で和睦交渉が開始された。東軍では山名氏と利害関係にある赤松政則が、西軍では細川勝元と対立する畠山義就や大内政弘が和睦に反対した。難航する交渉に心が折れたのか、宗全は自殺未遂を起こし、勝元は養子勝之《かつゆき》とともに引退の意志を示した。勝之に代わって次期細川氏当主に据えられた政元は山名宗全女《むすめ》の子であり、勝元の山名氏方との宥和姿勢を見て取ることができる。一四七三年には宗全も勝元も死去し、将軍職も義政から義尚へ継承された。翌年には山名《やまな》政豊《まさとよ》(宗全孫)と細川政元《ほそかわまさもと》(勝元子)との間で単独和睦が成立した。

この時期に至っても各地で戦闘は行われていたが、それらはもはや大義なき戦いであり、それぞれの権益拡大のために行われているだけであった。一四七五年には室町殿に仮住まい中の朝廷において四方拝《しほうはい》と県召除目《あがためしのじもく》が催され、朝儀復興の動きがみられる。そうした公家社会の立て直しには、日野富子の私財が充てられた。富子は兄である勝光とともに幼い将軍義尚を支え、その対価として莫大な賄賂を受け取っていたため、そのような支出が可能であった。一四七六年末に義政と義視との関係に修復の兆しがみられ、翌年十一月には大内政弘が降参し、西軍は自然消滅となる。この降参についても、富子の関与が確認できる。乱の直接的な原因となった畠山義就は、同年九月にすでに京都を去っていた。義視は美濃守護土岐成頼とともに美濃国に下国したが、翌一四七八年に義政と和解し、同時に土岐成頼と能登守護畠山義統《はたけやまよしむね》も赦免された。形式的なこととはいえ、西軍を率いていた義視の動向に着目するのであれば、乱の終結は一般的に言われているような一四七七年ではなく、一四七八年に置くべきであろう。

以上、政治史を中心に嘉吉の変から応仁の乱までをみてきたが、乱勃発の主たる原因が将軍家の跡目争いではなかったことはもはや明らかであろう。応仁の乱は、将軍足利義政の室町殿権威復興政策が失敗に終わり、大名への統制力を失った結果起きた争乱であったのである。

さらに詳しく知るための参考文献

川岡勉『山名宗全』(吉川弘文館、二〇〇九)……応仁の乱の一方の主人公である山名宗全の伝記。宗全のみならず、宗全以前の山名氏が室町幕府のなかで勢力を伸長していくさまが最新の研究成果を基に描かれている。

呉座勇一『応仁の乱』(中公新書、二〇一六)……乱について叙述する際に必ず用いられる『大乗院寺社雑事記』や『経覚私要鈔《きようがくしようしよう》』を主要史料として用いて、京都のみならず大和の情勢にも目を配りながら乱の経過を叙述した異色の書。最新の研究成果を多く盛り込み、随所に著者の新見解がみられる。

桜井英治『室町人の精神』（講談社、二〇〇一／講談社学術文庫、二〇〇九）……室町期の歴史を理解するためには必読の書。著者の歴史的事実への深い造詣や洞察力と卓越した表現力によって、室町期の人々が活き活きと描かれる。室町期の面白さが非常に良く伝わる良書。

田端泰子『室町将軍の御台所　日野康子・重子・富子』（吉川弘文館、二〇一八）……本講ではほとんど言及できなかった乱と日野富子との関係について述べる。これを読めば、日野富子が悪女であるとか応仁の乱勃発の張本人であるとかといった考えは雲散霧消する。

早島大祐『足軽の誕生　室町時代の光と影』（朝日新聞出版、二〇一二）……こちらも、本講では扱えなかった社会経済史の視点から応仁の乱を取り扱ったもの。乱ではじめて歴史上に登場する足軽が、当時の社会や経済のひずみから生まれたものであることを論じる。

第9講

明応の政変

山田康弘

†はじめに――明応の政変とは何か

一四九三年（明応《めいおう》二）四月、京都で足利将軍家を揺るがす大事件が勃発した。第十代将軍・足利義稙《よしたね》が廃位となり、代わりに従兄弟《いとこ》の足利義澄《よしずみ》が第十一代将軍に擁立されたのだ（なお、将軍はしばしば改名したが、本稿では一般に知られている名で統一して表記する）。この事件を、現代の歴史研究者は当時の年号をとって「明応の政変」と呼称している。応仁《おうにん》・文明《ぶんめい》の乱（一四六七～七七年）が終結してから、十六年目の出来事であった。

もっとも、明応の政変といっても、読者の多くはご存知ないだろう。高校の日本史教科書、たとえば山川出版社刊行の教科書『詳説日本史B』（二〇一九）では、この事件の説明は本文には記載されておらず、欄外に補注として「一四九三（明応二）年に管領《かんれい》細川氏が将軍を廃する事件がおこり（明応の政変）、これを機に細川氏が幕府の実権を握った……」

という、ごく簡単な説明があるにすぎない(一四八頁)。しかも、この説明は誤ってもいる。明応の政変は細川氏だけが引き起こしたものではない。すなわちこの政変では、細川氏以外にも重要な役割を果たしたと思われる人物がいたのである。では、それは誰なのだろうか。以下、説明していこう。

†応仁・文明の乱以降の政治状況

一四六七年(応仁元)、応仁・文明の乱が勃発した。日本列島における主要な大名たちが東西両軍にわかれて対峙《たいじ》したのだ。このうち東軍(細川勝元が率いる)は、当時、将軍(八代将軍)だった足利義政とその嫡男・義尚《よしひさ》を総大将に擁した。これに対し、西軍(山名《やまな》宗全《そうぜん》が率いる)は義政の弟・足利義視《よしみ》を総大将に奉じて東軍と戦ったが、戦いは東軍勝利という形で終わった。それゆえ、西軍の総大将たる義視は京都にいられなくなり、子息の義稙を連れて美濃国《みののくに》(岐阜県南部)に没落した。一四七七年(文明九)のことである。

その後、将軍家は義尚が継続した(九代将軍)。すると、義尚は応仁・文明の乱で逓減《ていげん》しつつあった将軍家の武威《ぶい》を挽回すべく、多くの大名たちを率いて近江国《おうみのくに》(滋賀県)の大名・六角氏《ろっかく》(六角高頼《たかより》)を討った。しかし、義尚は間もなく二十五歳で後嗣のないまま陣没してしまった。一四八九年(長享《ちょうきょう》三)のことである。そこで、美濃にいた義稙が京都に招かれて将軍候補となり、一四九〇年（延徳《えんとく》二）に第十代将軍となった。

ところで、このとき将軍候補はもう一人いた。それは、足利義澄である（義稙の従兄弟にあたる）。そして世間には「畿内最大の勢威をもつ有力大名・細川政元《まさもと》（勝元の息）が、義澄のほうを新将軍に推薦している」との風説があった。しかし、政元はこのときは目立った動きを見せなかった。また、義稙方は巧妙な手を打った。

すなわち、義稙方は政元に「義稙の将軍宣下《せんげ》（＝任命）を行う式場として、京都の細川屋形を貸すように」と命じ、これを承諾させたのだ。この結果、義稙の将軍宣下は細川屋形でなされることになり、そしてこれによって「細川政元も義稙の将軍就任に同意している」ということが内外に示されることになった。

さて、こうして義稙が新将軍となった（当時、二十五歳）。しかし、その立場は決して安泰ではなかった。義稙は長らく美濃で生活していたので、京都の将軍直臣や大名たちとは馴染《なじ》みがなく、人脈もなかったからだ。それゆえ、義稙は将軍とはいえ京都で孤立していた。そこで、彼は自身への求心力を高める必要に迫られた。求心力を高めるには「戦争」が最も手っ取り早い。将軍が直臣・大名たちを引率し、皆で「共通の敵」を叩《たた》くのだ。そうすれば、将軍への求心力はいやが上にも高まってこよう。

†明応の政変はなぜ起きたのか

そこで、義稙は直ちに軍旅《ぐんりょ》を発した。狙うは、近江・六角氏である。六角氏は前将軍・義尚の征伐でいったんは逼塞《ひっそく》したが、再び勢威を盛り返していたからである。

一四九一年（延徳《えんとく》三）、義稙は多くの大名たちを率いて出師《すいし》し、六角勢を摧破《さいは》してこれを近江の山奥に追い払った。義稙の大勝であった。すると、義稙はすぐにまた次の出師を発表した。今度は河内国《かわちのくに》（大阪府東部）の大名・畠山基家《はたけやまもといえ》を討つという。これは、義稙の重臣・畠山政長《まさなが》の要請があったからである。そもそも、有力大名・畠山氏は当時、二系統に分裂して抗争を繰り返し、この頃は畠山政長と同基家が争っていた。そこで畠山政長は義稙に接近し、「宿敵・畠山基家を攻伐して欲しい」と求めたのだ。義稙はこれを承諾し、一四九三年（明応二）二月、大名たちを引率し、今度は京都から河内に出陣した。

さて、河内での戦いも義稙方の優勢で進んだ。しかし、従軍していた大名たちの間では不満が渦巻いていた。彼らにとって、たび重なる戦役は大きな負担だった。そのうえ、義稙が戦勝によって「強すぎる将軍」になることも好まなかったからだ。

だが、義稙はこうした状況を知ってか知らずか、「今度は越前国《えちぜんのくに》（福井県北東部）に遠征する」と宣言した。これは、有力大名・斯波義寛《しばよしとお》の願いを聞き入れたからである。斯波氏は、越前など数カ国を領する大大名であったが、この頃は越前を重臣・朝倉氏《あさくら》に奪われていた。そこで、斯波は義稙に近づき、「朝倉を討って欲しい」と嘆願していたのだ。

このように、義稙は畠山・斯波の要請を聞き入れた。ここからは、義稙の次のごとき計策が透けて見えよう。この頃、将軍麾下《きか》の最有力大名は畠山・斯波・細川の三氏であった。そこで義稙は、このうち畠山・斯波の要望を聞き入れてやることでこの両者を取り込み、最強の細川を孤立させようとしたのだ。そのうえ義稙は、細川一門の有力庶家・阿波《あわ》細川氏（当主は細川義春《よしはる》）をも手懐《てなず》け、細川一門を分断しようとした。実に巧妙である。

このような義稙の計策に、細川一門を率いる細川政元は震慴《しんしょう》せざるをえまい。そこで政元は、義稙が河内出陣中の間隙をつき、ついに京都で義稙に対して造反の兵を挙げた。一四九三年（明応二）四月二十二日のことである。いわゆる「明応の政変」の始まりであった。そして政元は挙兵するや、直ちに新将軍として足利義澄（当時十四歳）を迎立《げいりつ》した。

†政変を支持した日野富子

すると、こうした義澄・政元のもとに日野富子《ひのとみこ》が馳せ参じた。

富子というのは、前将軍（九代・義尚）の生母にして先々代将軍（八代・義政）の御台所《みだいどころ》（＝正妻）である。これまで彼女は現将軍・義稙を支持していた。しかし、義稙は二度にわたって遠征を敢行して大名たちを使役し、大名たちから反発を受けていた。このような「大名たちに反発される」ことは、将軍家——政治基盤が脆弱であり、それゆえ大名たちの支援を受けなければならない将軍家にとっては危険な状況であった。そうしたことから、将軍家の一員たる日野富子は義稙に対し、強い不満をいだいたのだろう。そこで、彼女は細川政元の挙兵に加担し、義稙の廃位、義澄の新将軍嗣《し》立《りっ》への支持を宣明したのだ。

日野富子木像（宝鏡寺蔵）

さて、「細川政元が義澄を擁して京都で挙兵し、しかも日野富子もこれを支持している」という知らせは、河内の義稙陣営を大混乱に陥らせた。そうした義稙のもとに、細川政元隷下《れいか》の兵が殺到した。その結果、義稙は細川兵に捕獲されて虜囚《りょしゅう》となり、京都に幽閉されてしまった。時に一四九三年五月二日のことである。そしてこのあと義稙は廃位となり、細川政元や日野富子に支持された足利義澄が、新将軍（十一代将軍）となった。

以上が「明応の政変」のあらましである。この事件の主役は細川政元であった。それゆえ、この事件については「細川氏が将軍を廃した事件」と説明されることが多い（冒頭で例示した山川の高校教科書『詳説日本史B』もその一つである)。しかし明応の政変では、日野富子の挙動もまた重要な意味をもっていた可能性がある。以下、これを説明していこう。

†家督相続における家臣の総意と主人の承認

中世後期（南北朝・室町・戦国期。十四〜十六世紀）の社会では、しばしば主人の意思よりも家臣たちの総意のほうが優先された。しかし、このことは「家臣たちの総意があれば、それだけで何でも決められた」ということを意味するものではない。特に主家の家督相続にあたっては、家臣たちの総意だけでは十分でなく、主人やそれに準ずる者の承認が重要であった。いくつか事例を示そう。

【事例1】南北朝時代の一三五二年（観応《かんのう》三）、北朝は南朝によって三上皇（光厳《こうごん》・光明《こうみょう》・崇《す》光《こう》上皇）を拉致《らち》され、滅亡の危機に瀕した。そこで、北朝の支柱たる足利義詮《よしあきら》（後の二代将軍）は、拉致を免れた皇族・弥仁《いやひと》王（光厳上皇の子。後の後光厳天皇）を新天皇に擁立した。注目されるのは、その際に義詮が広義《こうぎ》門院《もんいん》（光厳・光明上皇の生母）に「弥仁王の践祚《せんそ》（皇位の継承）を承認されたし」と求め、難色を示す広義門院を再三にわたって説得し、ついにこれを承諾させていることである。こうした義詮の挙動は、広義門院――三上皇不在の北朝で天皇家を代表する立場にあった広義門院の承認が、新天皇擁立にきわめて重要だった、ということを示しているといえよう（『園太暦《えんたいりやく》』ほか）。

【事例2】一四二八年（応永《おうえい》三十五）、四代将軍・足利義持《よしもち》は重態に陥った。しかし、彼は後嗣《こうし》を定めず、「ただ、ともかくも面々相計《あいはか》らい、然《しか》るべきよう定め置くべし（＝重臣たちで相談し、適切に定めよ）」と述べるばかりであった。だが、重臣らはこれを聞いても自分たちで勝手に後嗣を決めることはなかった。義持に「後嗣を定めて欲しい」と何度も嘆願し続けたのだ。このことは、重臣たちだけでは主家の後嗣を決定することはできず、主人たる義持の後継指名が重要だった、ということを示唆しよう（『満済准后日記《まんさいじゅごうにつき》』ほか）。

【事例3】明応の政変から二年後の一四九五年（明応四）九月、日野富子の実家である公家・日野家で騒擾《そうじょう》が勃発した。当主の日野政資《まさすけ》（富子の甥）が後嗣のないまま急逝したのだ。すると、日野家の家臣たちは「政資の遺言である」として、「公家・徳大寺《とくだいじ》家の若君に日野家を継嗣せしむ」ことに一決した。しかし、政資には弟・烏丸冬光《からすまふゆみつ》がいた。それゆえ、富子ら日野家の親族たちは「冬光かその子に日野家を継嗣させるべきだ。日野血胤《けついん》の者がいるのに、なぜ他家の者に継がせるのか」と日野家臣たちを難じた。ところが、家臣たちは「政資の遺言」を楯に一味同心してこれを断固拒否し、その結果、家臣たちの意向通り、徳大寺の若君が日野家を継ぐことになった（『晴富宿禰記《はるとみすくねき》』、『後法興院記』ほか）。

この事例3からは、主家の家督継承には家臣の総意が大きな影響力をもったことが判明する。しかし、ここで看過してはならないのは、日野家の家臣たちが自らの主張の正当化根拠として「主人・政資の意思」を持ち出していたことである。さすればこの事例もまた、主人の意思が主家の家督継承に際して重要であったことを示しているといえよう。

†なぜ主人の意思が重要だったのか

さて、以上の三事例はいずれも「主家の家督相続にあたっては、主人やそれに準ずる者の承認が重要であった」ことを示唆している。もっとも、主人やそれに準ずる者の承認がなければ家督継承ができなかった、というわけではない。たとえば、事例2であげた四代将軍・足利義持は、ついに具体的な後継者を指名しないまま薨去《こうきょ》した。すると、重臣たちは「八幡宮の神前で鬮《くじ》をひく」という形で次期将軍（六代将軍・義教）を決定した。すなわち、主人の意向が明確でなくても、弥縫策《びほうさく》はそれなりにあったのだ。

しかし、主人やこれに準ずる者の承認が重要なものだったからこそ、義詮は広義門院に新天皇の承認をしつこく頼み込み（事例1）、重臣たちは義持に後嗣指名を何度も求め（事例2）、日野家の家臣たちは主人の遺言を正当化根拠にして自分たちの主張を押し通したのだろう（事例3）。では、なぜ主人の意思・承認が重要だったのだろうか。

中世後期社会では、主家の後継者選定については主人だけでなく家臣にも決定権があった。それは、⑴主人の家は主人だけのものではなく、「家臣の公共の場、家臣の共有物」であるという観念が定着していたからであり（勝俣鎮夫「一五―一六世紀の日本」、『岩波講座日本通史　第一〇巻中世4』、岩波書店、一九九四）、⑵主家の後継者が誰になろうとも、家臣たちが彼を支持し、協力を提供してくれなければ現実には家を保てなかったからでもあった。

しかし、主家は家臣たちだけのものではなく、主人のものでもあった。そして中世後期にあっても（しばしば主君の意思より家臣たちの総意のほうが優先されはしたものの）「主君は尊く、主従関係は夫婦や親子関係以上に重要なもの」という通念は、社会になお強固に定着していた（黒田日出男『歴史としての御伽草子』ぺりかん社、一九九六）。

おそらくこうしたことから、主家の後継者選定という主家の重事に際しては、家臣たちの意向だけでは不十分であり、主人（やこれに準ずる者）の意思もまた重視されたのだろう。すなわち、主家は主人のものでもあり、それゆえ、家督継承に際しては（家臣たちの支持が不可欠だったとしても）主人の承認もまた重要であり、これがあってはじめて「正しい」継承手続が完了し、その後継者は「正しい」後継者として世間から認知されたのではないか。そう考えれば、先にあげた事例1～3もうまく理解することができよう。

†富子が政変を支持した意味は何か

さて、主家の家督継承に際しては、主人やこれに準ずる者の承認が重要であった——この見方が正しいとすれば、明応の政変に際しての日野富子の挙動は注目せねばなるまい。

富子は一四五五年（康正《こうしょう》元）に将軍家に嫁いで以来、四十年もの長きにわたって将軍の正室、そして将軍生母として直臣や諸大名の上に君臨し続けた。こうしたことを考えれば、富子は明応の政変当時（一四九三）、将軍義稙と並んで「将軍家を代表する立場」にあったといえる（義稙が将軍家を継統してまだ二年あまりしか経っていなかったことを考えれば、むしろ富子のほうこそが将軍家を代表していた、といえるかもしれない）。

その富子が明応の政変に際し、義稙の廃位を認め、義澄の新将軍嗣立を支持したのだ。さすればこのことは、新将軍・義澄は家臣（細川政元）によって勝手に立てられた「違法な」将軍ではなく、主人に準ずる者（日野富子）の承認をきちんと受けた「正しい」将軍なのだ、ということを世間に示すことになったといえよう。明応の政変がさして大きな騒擾《そうじょう》もなく成功した一因は、ここにあったといえるのではないか。

ところで、明応の政変から九年後の一五〇二年（文亀《ぶんき》二）、将軍義澄は細川政元と対立した。政変によって将軍となった義澄は、これまで政元を最大の支柱としていた。しかし、政元には奇行が多かった。それゆえ義澄は怒り、京都郊外・岩倉《いわくら》（京都市左京区）にある金《こん》龍寺《りゅうじ》に立て籠《こ》もったうえ、政元に七カ条にわたる要求を突きつけたのだ。

注目されるのは、このとき義澄が籠城した金龍寺である。この寺は妙善院《みようぜんいん》ともいい、一四九六年（明応五）に卒去した日野富子所縁《しよえん》の寺であった（富子の別宅であった。なお妙善院とは富子の院号である）。ここに、義澄は立て籠もったのだ。もとより、これは偶然ではあるまい。義澄にとって、有力大名・細川政元に抵抗することは危険な行為であった。そこで、義澄は富子とゆかりの深い金龍寺をわざわざ選んでここに立て籠もることで、自分が富子の支持に基づいて将軍となったこと、すなわち、自身が「正しい」将軍である、ということを政元らに今一度想起せしめようとしたのではあるまいか。

†おわりに――政変後も将軍は傀儡にあらず

以上、明応の政変の経緯と、日野富子が政変を支持した意義について述べてきた。明応の政変は「細川氏が将軍を廃する事件」（山川『詳説日本史B』）とされてきたが、中世後期社会における主家の家督継承をめぐる慣行を鑑《かんが》みれば、富子もまたこの政変において重要な役割を果たしていた可能性が高いのである。

ところで、明応の政変は義稙の逮捕・幽閉によって幕を閉じた（明応二年五月）。しかし、話はこれで終わり、ではなかった。というのは、義稙がこの直後に脱走して北陸に奔《はし》り、多くの大名たちを翕合《きゆうごう》して再起を図ったからである（明応二年六月）。この結果、日本列島には義澄と義稙という、対立し合う「二人の将軍」が出現することになった。そしてこの対立は、このあと義澄・義稙の後継者たちにも引き継がれ、さまざまな紛争を惹起《じやつき》せしめていく。明応の政変が「戦国時代開始のエポック」とされる所以である。

こうした状況の下、多くの大名たちは「二人の将軍」の争いに距離を置いた。すなわち、大名たちにとって将軍は「二人の将軍」のどちらでもよく、そこで大名たちは、いずれが勝利しても大過ないよう一方に過度に肩入れせず、この争いから距離を置いたのだ。そうしたことから、「二人の将軍」の争いは、当事者本人たちと京都・畿内の大名たち――とりわけ畿内最大の勢威をもつ細川一門によって主として展開されることになった。そして、それにともなって将軍家における細川氏の存在感が増進していった。

しかし、細川氏が将軍（二人の将軍）を傀儡《かいらい》化していたわけではない。将軍は明応の政変以降も自律性を保ち続けた。それは、将軍と細川氏とが相互に補完し合っていたからである。すなわち、将軍は細川氏から軍事力の提供を受けたが、細川氏のほうもまた将軍を使って対大名外交を有利に進めるなど、将軍を利用した。こうしたことから、この両者はどちらか一方が他方より圧倒的に優位に立つ、ということはなかった。

したがって、明応の政変以降に「細川氏が幕府の実権を握った」（冒頭の山川『詳説日本史B』）という見方は誤りである。すなわち、将軍は明応の政変以降もなおも自律性を保ち、側近や将軍直臣らに支えられながら独自に政務決裁を実施していったのである。

さらに詳しく知るための参考文献

百瀬《ももせ》今朝雄《けさお》「応仁・文明の乱」（『岩波講座日本歴史　第7巻中世3』岩波書店、一九七六）……応仁・文明の乱を中心に、この乱から明応の政変に至るまでの複雑な政治状況を鮮やかに描き出した名論文である。すでに四十年も前に発表された論考であるが、応仁・文明の乱の原因をなす諸問題を摘出し、また随所に示唆に富む指摘が見られるなど、現在においても必読の論考である。

佐藤進一『日本中世史論集』（岩波書店、一九九〇）……主人のもつ、主人の身に備わった独特の権能（主従制的支配権）を見いだし、また、専制を志向する主人とこれを抑制する衆議（家臣の総意）との関係を描き出すなど、本書は武家社会のさまざまな「メカニズム」を広範詳細に究明して余すところがない。足利将軍研究を志す者にとっては必読の書である。

今谷明『室町幕府解体過程の研究』（岩波書店、一九八五）……本書は、戦国期足利将軍・幕府のもつ基本的性格を究明するための不可欠の研究視角を提示した名著である。戦国期将軍研究は本書によって先鞭をつけられ、発展してきたといってよい。関連する史料を博捜し、「京兆専制」論をはじめ、戦国期将軍研究について重要な論点を提起している。

山田康弘『戦国時代の足利将軍』（吉川弘文館、二〇一一）……明応の政変以降の足利将軍はいかなる存在だったのか、という問題を、一般の読者向けに分かりやすく解説した書である。

山田康弘『足利義稙――戦国に生きた不屈の大将軍』（戎光祥出版、二〇一六）……明応の政変によって失脚した第十代将軍・義稙の伝記。その波乱万丈な生涯を平易に描いている。

第10講

西国の戦国争乱――十六世紀前半の中国地域を中心に

菊池浩幸

本講は本来、西国日本の戦国争乱全般を解説することが求められているが、紙幅の都合から中国地域に視角を絞り、最終的に同地域で一大勢力になる毛利《もうり》氏が戦国大名に成長するまでの時期、すなわち十六世紀前半を中心に叙述を行う。この時期の中国地域には、出雲《いずも》に尼子《あまご》氏、周防《すおう》・長門《ながと》に大内《おおうち》氏といった戦国大名が存在し、彼らの動向が同地域の争乱を規定づけていたことを先行研究が明らかにしている（山本二〇〇七）。そこでまず、尼子氏・大内氏の動向から話を始めていくことにしたい。

†尼子氏と大内氏

出雲の守護《しゆご》は京極《きようごく》氏であるが在国せず、本国では守護代の尼子氏が富田《とだ》城を本拠にして、応仁《おうにん》・文明《ぶんめい》の乱頃から勢力を拡大していった。

尼子経久《つねひさ》は、一四七七～七九年（文明九～十一）頃家督を継ぎ、出雲国内の郡奉行職や美《み》保関《ほのせき》の代官職を獲得する一方、国内の寺社本所領を押領し、一四八四年に室町幕府の討伐命令を受ける。幕命に従った守護京極政経《まさつね》や出雲国人《こくじん》によって富田城を攻略され、経久は一時失脚するものの、二年後富田城を奪還し、勢力を回復している。その後、出雲の有力国人である三沢《みさわ》氏や三刀屋《みとや》氏を服属させ、一五〇八年（永正《えいしょう》五）に守護京極政経が死去すると、名実ともに出雲の国主《こくしゅ》となった。

経久は、出雲一宮で国内に強い影響力を持つ杵築《きづき》神社（現出雲大社）神主家の千家《せんげ》・北島《きたじま》両国造家《こくぞう》に、娘をそれぞれ嫁して結びつきを強化し、その後日御碕《ひのみさき》神社や鰐淵寺《がくえんじ》など、出雲の他の有力寺社も統制下に置いた。一五一八年（永正十五）頃、有力国人の赤穴《あかな》氏が経久に従属し、さらに幕府奉公衆の塩冶《えんや》氏の養子に三男の興久《おきひさ》を入れて塩冶氏を服属させ、出雲国内の統一を果たす（長谷川二〇〇〇）。

一方、応仁・文明の乱で西軍の主力として活躍した大内政弘《まさひろ》は、一四七七年（文明九）に幕府から周防・長門・筑前《ちくぜん》・豊前《ぶぜん》の守護職《しゅごしき》や、安芸東西条《あきとうざいじょう》・石見邇摩《いわみにま》郡などの所領の安堵を受けて本国に下向し、領国経営に専念することになる。

政弘から子の義興《よしおき》の代にかけて、宿老《しゅくろう》・奉行人《ぶぎようにん》制度や、領国内の国人を編成する「御家人《ごけにん》」制を整備し、十五世紀初め以来個別に出していた法令を「大内氏掟書《おおうちしおきてがき》」として集成している。また北九州では、少弐《しょうに》氏や大友《おおとも》氏と対峙しながら、博多《はかた》を確保して明や朝鮮との

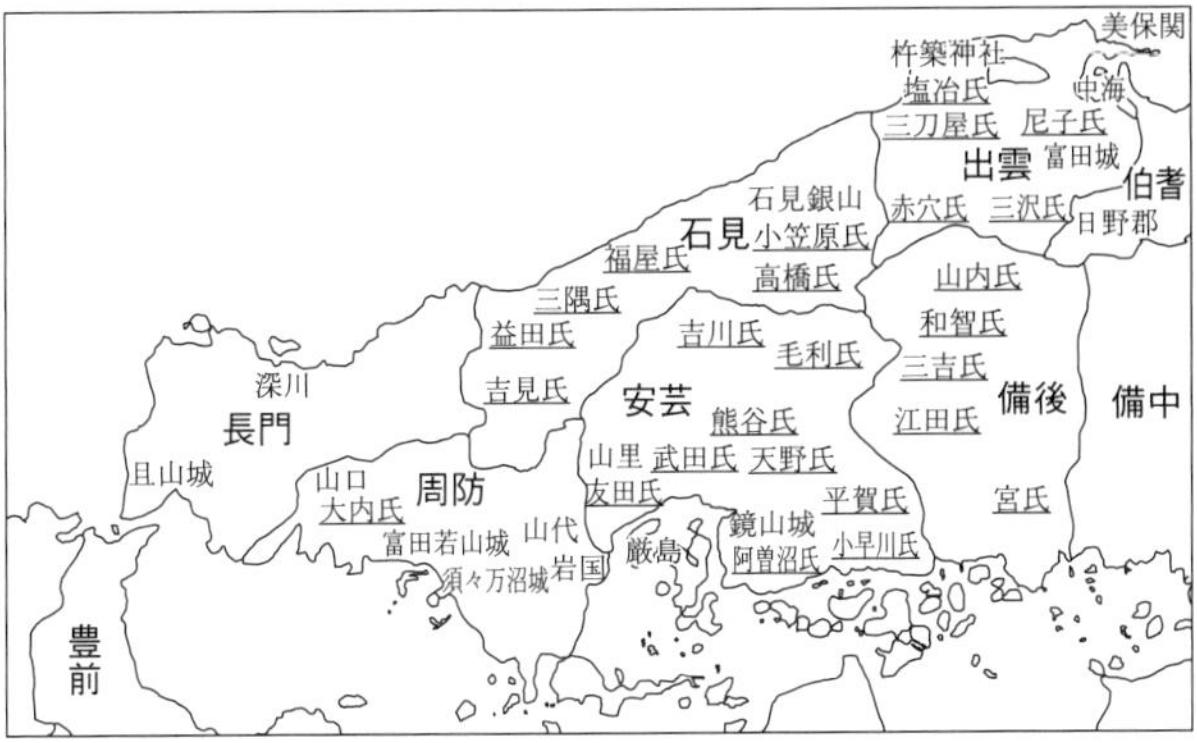

16世紀前半中国地域関係地図

貿易を行い、安芸・石見では竹原小早川《たけはらこばやかわ》・毛利・益《ます》田《だ》・吉見《よしみ》氏など有力国人を従属下に置いた（松岡久人『大内氏の研究』清文堂出版、二〇一一、など）。

一五〇八年（永正五）、大内義興は周防に亡命していた前将軍足利義尹《あしかがよしただ》（義材《よしき》）を奉じ、安芸・石見の従属国人衆とともに再び上洛する。義尹方の細川高《ほそかわたか》国《くに》に迎えられ、現将軍の義澄《よしずみ》を京都から追って、義尹の将軍復位に成功した。義興は管領代《かんれいだい》・山城《やましろ》守護に任命され、以後約十年間在京して義稙《よしたね》（義尹）・高国政権を補佐する。

しかしこの頃国内統一を果たした出雲尼子氏が、周辺国への進出を図り、それに対処するため安芸・石見の従属国人の一部が、義興に無断で本国に帰国する事態になった。そのため、一五一八年（永正十五）義稙の許可を得て、義興は本国に帰国した。

†芸備石の国衆と毛利氏

出雲の尼子氏と周防・長門の大内氏、この二大勢力に挟まれた地域、すなわち安芸・備《びん》後《ご》・石見（芸備石《げいびしゃく》地域）には、室町時代以来有力な守護が存在せず、奉公衆など幕府に直属する国人が割拠していた。彼らは戦国時代に入ると、郡規模の「領」を有し、独自の「家中」（家臣団）を形成して、相互に連合したり、戦国大名に服属したりしながら、自立した地域領主＝国衆《くにしゅう》に成長する（村井二〇一二）。

芸備石地域の代表的な国衆として、安芸では毛利・吉川《きつかわ》・小早川（沼《ぬ》田《た》・竹原）・平賀《ひらが》・熊谷《くまがい》・天野《あまの》（志和堀《しわぼり》・志和東《しわひがし》）・阿曾沼《あそぬま》氏、備後では山内《やまうち》・三吉《みよし》・江田《えだ》・和智《わち》・宮《みや》氏、石見では小笠原《おがさわら》・高橋《たかはし》・福屋《ふくや》・三隅《みすみ》・益田・吉見氏などが挙げられる（地図参照）。

その中で、安芸高田《たかだ》郡吉田《よしだ》に本拠を置く毛利氏が、戦国時代に芸備石地域の国衆のリーダー的存在になっていく。以下、毛利氏について詳述したい。

毛利氏は、鎌倉幕府の重臣大江《おおえ》広元《ひろもと》の四男季光《すえみつ》を祖とする名族で、南北朝期に所領の一つである安芸吉田荘《しょう》に郡山《こおりやま》城を築いて定住した。室町時代の毛利氏は、幕府に直属して各地の戦乱に参加し軍功を挙げるも、独立的な有力庶子《しょし》の統制などに苦慮する状況にあった。

そのような中、応仁・文明の乱が起こり、当主毛利豊元《とよもと》は安芸守護の山名《やまな》是豊《これとよ》に従って東軍に属していたが、大内政弘の誘いに乗って西軍方に内応し、以後大内氏との結びつきを強めた。さらに大内氏の後ろ盾を得て、可部《かべ》・温品《ぬくしな》といった広島湾沿岸などの所領を獲得し、安芸の国衆の中でも抜きん出た存在になっていく。

その最中、一五一六年（永正十三）に毛利氏では、当主の興元が二十四歳という若さで急逝し、興元の子でわずか二歳の幸松丸《こうまつまる》を新当主に擁立せざるを得ない事態となる。興元の弟元就《もとなり》が幸松丸の後見となったが、一五二三年（大永《たいえい》三）幸松丸が病を得て急死する。その後継について家臣の間で、尼子氏から養子を入れる案と元就を家督に据える案が出て、最終的には重臣の福原広俊《ふくはらひろとし》や井上元兼《いのうえもとかね》らの主張により、元就が当主となった。

元就は重臣十五人の連署状を提出させ、自分の家督継承が家臣の懇請によるものであることを承認させた上で、一五二三年八月十日郡山城に入城した。その後、対内的には尼子氏と通じて元就を排除しようとした弟の相合元綱《あいごうもとつな》と重臣坂広秀《さかひろひで》・渡辺勝《わたなべまさる》らを討伐して家を固め、対外的には後述するように鏡山《かがみやま》城攻めの功賞の少なさを理由に尼子氏から大内氏にふたたび帰属し、以後大内氏に従って戦功を重ね、毛利氏発展の礎を築いていく。

†尼子氏の安芸侵攻と大内氏

話を尼子氏と大内氏に戻す。大内義興が京都から帰国した永正から大永にかけての時期は、尼子氏の勢力伸長により、安芸では分郡守護武田《たけだ》氏や厳島《いつくしま》神主家の友田《ともだ》氏が尼子氏と結びついて、反大内氏の立場を表明し、安芸国衆が尼子方・大内方に二分する状況となる。その状況を捉えて、尼子経久は一五二三年（大永三）四月、自ら兵を率いて安芸に攻め入り、大内氏の安芸拠点である東西条の鏡山城を攻め落とした。この合戦には安芸の主だった国衆が尼子氏に服属し、毛利氏も新当主で弱冠九歳の幸松丸が先陣を勤めて戦功を挙げた（実際の指揮は元就、幸松丸はこの後急逝する）。

こうして安芸に勢力を拡大した尼子氏に対し、大内氏もすぐに反撃に出て、同年十月には重臣の弘中武長《ひろなかたけなが》が友田氏を攻めて厳島を占領し、同じく重臣の陶興房《すえおきふさ》が武田・友田連合軍と交戦した。翌一五二四年には義興と子の義隆《よしたか》が出陣して友田氏の本拠桜尾《さくらお》城を攻め、同年十月に和睦した。さらに一五二五年には尼子氏に寝返った毛利氏に接触し、二年前に家督を継いだ元就に、広島湾頭の武田氏所領を与えることなどを約束して、毛利氏を再び服属させることに成功する。厳島神主家友田氏との和睦、有力国衆毛利氏の帰属を契機に、安芸における尼子氏の勢いは弱まったが、武田氏が尼子方にとどまるなど、安芸支配をめぐる尼子氏と大内氏の一進一退は続いた。

一五二八年（享禄《きょうろく》元）十二月、大内義興が没し、子の義隆が跡を継ぐ。翌一五二九年五月、安芸と石見の領国にまたがって所領を有していた高橋氏が尼子方に寝返ったのを口実に、毛利元就が大内氏らの援軍を得てこれを攻め滅ぼした。元就は大内義隆から高橋氏旧領の知行を認められ所領を拡大、さらに高橋氏が担ってきた大内方芸石国衆の盟主の地位も継承している（岸田裕之『大名領国の構成的展開』吉川弘文館、一九八三）。

尼子氏では経久が齢七十を超え、孫の詮久《あきひさ》への権力委譲が行われていたが、塩冶氏を継いだ興久が一五三〇年に反乱を起こす。興久は、杵築神社の北島・千家の国造家・鰐淵寺・三沢氏など出雲国内の主要勢力を味方に付け、一時は興久方優勢の状況となった。これに対し、経久は大内義隆に使者を送って休戦を約束し、毛利元就も詮久と一五三一年（享禄四）七月に兄弟契約を結んで、経久・詮久方支持を表明した。やがて興久は劣勢となり、合戦に敗れて備後に亡命、一五三四年（天文《てんぶん》三）自害した。この尼子氏と大内氏の休戦は一五四〇年まで約十年間続き、この間、尼子氏は中国地域東部の備中《びっちゅう》・美作《みまさか》・播磨《はりま》などに侵攻し、大内氏は九州北部で大友・少弐氏と対峙することになる。

†尼子氏と大内氏の攻防

尼子氏と大内氏が再び対立するのは一五四〇年（天文九）で、その発端となったのが、安芸国衆平賀氏の内紛である（吉野健志「いわゆる安芸郡山合戦の再評価」『芸備地方史研究』二二八、二〇〇一）。興貞《おきさだ》（子・尼子方）と弘保《ひろやす》（父・大内方）という父子対立が一五三五年に武力衝突に発展し、大内氏が毛利氏に援軍を送って興貞の拠城頭崎《かしらざき》城を攻めさせるも容易に落ちず、一五四〇年正月には大内義隆自ら出陣する事態に発展した。この状況を聞いた尼子詮久は、播磨遠征を中止して、興貞救援のため安芸侵攻を決意する。

同年八月、詮久率いる大軍が安芸に進軍し、九月郡山城近くの青山《あおやま》に本陣を置いた。当初は城下を放火するなど小競り合いが続いたが、頭崎城包囲陣から転戦してきた杉隆宣《すぎたかのぶ》率いる大内勢や竹原小早川氏など安芸国衆の加勢を受けて毛利氏優勢に合戦が行われた。さらに十二月には陶隆房《たかふさ》率いる大軍が着陣し、翌一五四一年一月十三日陶・毛利勢は尼子勢に決戦を仕掛け、尼子方は詮久の大叔父尼子久幸《ひさゆき》が戦死した。同日夜、尼子方は撤退を決意し出雲に向かって退却を始めたが、毛利方がこれを追撃し、途中雪山で遭難したり、江《ごう》の川《かわ》渡江の際に襲撃されたりして、尼子方に多数の犠牲者が出た。

この郡山合戦での敗戦により、これまで尼子氏に従っていた吉川・三吉・山内氏など、多くの芸備国衆が大内方になり、平賀弘保の頭崎城も二月に落城した。尼子勢撤退開始の前日に大内氏に反旗を翻した厳島神主家友田興藤《おきふじ》は、四月に本拠桜尾城を大内義隆に攻め落とされ自刃し、最後まで大内氏に抵抗していた安芸武田氏も陶・毛利軍の猛攻を受け、五月に本拠銀山《かなやま》城が陥落し滅亡した。同年十一月には尼子経久が八十四歳で死去し、中国地域における尼子氏の劣勢は明らかになった。

この事態を好機と見なし、大内義隆は尼子氏討伐のための出雲遠征を決意、翌一五四二年（天文十一）六月大軍を率いて出雲に侵攻した。大内氏の出陣を受けて出雲国衆の多くが尼子方から離反し、翌一五四三年三月に大内義隆は尼子氏の本拠富田城まで進軍して、同城を攻囲した。しかし大内氏が富田城を攻めあぐねている間に、離反した出雲国衆のみならず吉川氏や山内氏など芸備石国衆の中にも尼子方に付く者が現れ、同年五月義隆は退却を余儀なくされる。その途中、義隆の養嗣子恒持《つねもち》が出雲郷《あだかえ》での渡江のために乗った舟が沈没し溺死（死後将軍足利義晴《よしはる》から諱《いみな》を拝領し「晴持《はるもち》」と改名。藤井二〇一九）、さらに安芸の沼田小早川氏の当主正平《まさひら》も鵋巣《とびのす》河畔で戦死するなど、大内方に多くの犠牲者が出た。

†毛利氏の成長

出雲遠征の失敗は、大内義隆にとって大きな精神的痛手となり、以後積極的な軍事的行動は控えるようになる。また尼子氏も大内氏を撃退して、出雲や芸備石地域の国衆の支持を再び受けたとはいえ、往時の勢いはなかった。こうした二大勢力の停滞の間隙を縫って、安芸では元就を当主とする毛利氏が勢力を増大していった。

元就は、先の郡山合戦とそれに続く友田氏・武田氏討伐戦での戦功を賞され、かつて大内氏から与えられていた可部・温品を返上する代わりに、より広島湾頭に近く、武田氏水軍の拠点でもある緑井《みどりい》・温井《ぬくい》などの所領を義隆から与えられ、自前の瀬戸内水軍を配下に収めることに成功した。

次に、一五四四年（天文十三）に三男隆景《たかかげ》を竹原小早川家に、一五四七年には次男の元春《もとはる》を吉川氏に、それぞれ大内義隆の許可を得て養子に入れた。一五五〇年には眼病を患って失明していた沼田小早川家の当主繁平《しげひら》の跡を隆景に継がせ、鎌倉時代以来分立していた小早川氏の合一を果たしている。こうして安芸の有力国衆である吉川・小早川氏を勢力下に置き（毛利両川体制）、毛利氏の実力は格段に上昇した。

さらに同じ一五五〇年七月には、元就擁立以来の重臣であり、近年専横を極めていた井上元兼とその一族三十人余りを討伐し、福原貞俊《さだとし》以下二百三十八名の家臣に連署起請文《きしようもん》を提出させて、今回の措置を承認し、今後は元就の「上意」に服従して毛利氏の「公儀」を最優先させることを誓約させている。この井上衆討伐と家臣団の起請文提出は、毛利氏の家中《かちゆう》統制において、他の国衆のそれとは一線を画すことになり、毛利氏の戦国大名化への大きな一歩となった（池享『戦国期の地域社会と権力』吉川弘文館、二〇一〇）。

†防芸引分と大内氏の滅亡

毛利氏が井上衆を討伐した直後の一五五〇年（天文十九）八月、大内氏重臣の陶隆房が元就に、主君大内義隆を廃して嫡子義尊《よしたか》を擁立する計画を公表した。この義尊擁立計画は頓挫したが、翌一五五一年八月、一時義隆の養子となっていた大友晴英《はるひで》を擁して挙兵し、桜尾城と厳島を占領、元就も呼応して銀山城を占拠した。

その後隆房は山口に攻め入り、重臣内藤興盛《ないとうおきもり》や杉重矩《しげのり》も隆房方に付いたため、義隆は長門深川《ふかわ》に逃亡し、九月一日同地の大寧寺《だいねいじ》で自害した。嫡子義尊も殺され、翌一五五二年三月晴英が山口に入って大内氏の家督を継いだ（のち義長《よしなが》を名乗る）。隆房は晴英から一字を拝領し晴賢《はるかた》と改名、大内氏の実権を握った。

同年尼子晴久《はるひさ》（詮久）は、幕府から因幡《いなば》・伯耆《ほうき》・隠岐《おき》・出雲・美作・備前《びぜん》・備中・備後八カ国の守護職を獲得し、大内氏内紛に乗じて、備後に侵攻した。晴賢は元就に安芸佐東《さとう》郡の大内領支配を条件に出して尼子氏対策に当らせた。元就は同年七月備後に入り、宮氏の本拠志川滝山《しかわたきやま》城を攻めて備中に追い、尼子方に付いた江田氏や山内氏の本拠を陥落させ、晴久を出雲に追い返す活躍を見せた。この勝利で備後での毛利氏の影響力は格段に増大したが、これを警戒した晴賢は、元就が要求した江田氏の本拠旗返《はたかえし》城の守備を認めず、腹心の江良《えら》房栄《ふさひで》に与えて監視役とさせた。

一五五三年（天文二十二）秋、陶晴賢は大内義隆の姉婿で晴賢方の益田氏と所領紛争を起こしていた石見の吉見正頼《まさより》討伐を決意し、元就に参戦を呼びかける。毛利方では元就の子隆元《たかもと》が強硬に反対、翌一五五四年三月晴賢が大内義長を奉じて吉見氏本拠の津和野《つわの》攻めを開始するまで態度を保留した。同年五月元就・隆元は平賀・天野氏など安芸国衆に陶氏との断交（「防芸引分《ぼうげいひきわけ》」）を知らせ、すぐに兵を動かし、桜尾城や銀山城などの陶方諸城を攻略、厳島を占拠した。

晴賢は腹心の宮川甲斐守《みやがわかいのかみ》を桜尾城奪回に向かわせたが、六月元就はこれを桜尾城西方の明石口《あかしぐち》で迎え撃って、甲斐守を討ち取るなど大勝利を挙げた。その後毛利方は陶氏の本拠周防富田若山城《とんだわかやま》への進軍を開始するも、途中安芸佐西《ささい》郡山間部の土豪《どごう》を主体とする山里《やまざと》一揆の抵抗を受け苦戦する。晴賢も津和野攻略に手間取り、翌一五五五年（弘治《こうじ》元）初めに吉見氏と和睦して山口に帰還した。

同年五月元就は、陶氏の安芸侵攻の目標が厳島であると予想し、厳島に宮尾《みやのお》城を築いて己斐《こい》豊後守《ぶんごのかみ》を城将とした。果たして、九月二十一日晴賢は大軍を率いて厳島に進軍し、島内の塔《とう》の岡《おか》に本陣を置いて宮尾城を攻撃した。二十四日元就・隆元は銀山城から草津《くさつ》城、さらに厳島対岸の地御前《じごぜん》に進み決戦に備えた。二十八日かねてから来援を求めていた来島《くるしま》村上《むらかみ》氏の水軍が毛利方に参陣、制海権を掌握した毛利方は、三十日夜ひそかに厳島東岸の包《つつみ》ヶ浦《うら》に上陸、翌十月一日早朝塔の岡の晴賢本陣に襲いかかった。急襲を受けた陶軍は大混乱に陥り、晴賢を初め主立った武将が島内各所で討ち取られ大敗北を喫した。

厳島合戦に勝利した元就は、十月四日周防への進軍を開始、岩国《いわくに》を占拠するも、岩国の西方玖珂《くが》郡の土豪を主体とする山代《やましろ》一揆の抵抗に遭い、翌一五五六年三月制圧に成功する。次に陶方の拠点須々万《すすまぬま》沼城攻めに翌一五五七年（弘治三）三月までかけてこれを陥落、そのまま陶氏の本拠富田若山城に進軍するも、陶晴賢の子長房《ながふさ》はすでに自刃（家臣に討ち取られたとも）して陶氏は滅亡していた。そのまま大内氏の本拠山口《やまぐち》に攻め込もうとしたが、大内義長は兄大友義鎮《よししげ》のいる九州を目指して長門へ逃亡、毛利氏に制海権を握られた瀬戸内海を渡航できず、重臣内藤隆世《たかよ》の居城長門且山《かつやま》城に籠城する。一五五七年四月毛利氏の猛攻により且山城は落城、義長は自刃して大内氏は滅亡する。

†毛利氏の山陰征服と尼子氏の滅亡

大内氏を倒して防長両国を制圧した毛利氏は、次の目標を石見に定め、一五五九年（永《えい》禄《ろく》二）五月本格的な軍事行動を起こす。すでに一五五六年頃から、陶・大内氏との対戦と並行して、吉川元春を主力に石見計略を進めており、同国国衆の福屋氏や益田氏を味方に付けることに成功していた。

まず尼子方の有力武将である小笠原長雄《ながかつ》の本拠川本温湯《かわもとぬくゆ》城を攻め、救援に来た尼子氏の軍勢も撃退して、一五五九年八月長雄は降伏する。つぎに石見《いわみ》銀山《ぎんざん》近くの本城常光《ほんじょうつねみつ》らが拠る山吹城《やまぶき》の攻略を意図するも、北九州門司城《もじ》での対大友戦が激化したため戦力を割けず、さらに福屋隆兼《たかかね》が尼子方に離反するなどして、石見攻略は進まなかった。

一方、石見での勢力維持を図ってきた尼子氏も、一五六〇年十二月に晴久が死去、跡を継いだ義久《よしひさ》は、将軍足利義輝《よしてる》が提案する毛利氏との和平を視野に入れて、帰順した福屋氏への支援を積極的には行わなかった。孤立した隆兼は一五六一年十一月から翌一五六二年にかけて毛利氏と合戦を繰り返すも敗戦を続け、一五六二年二月毛利氏本隊が本拠乙明城《おとあけ》（本明城《もとあけ》）に迫ると城を脱出して出雲に向かった。しかし尼子義久に保護を拒否され流浪、最終的には松永久秀《まつながひさひで》の大和信貴山城《やまとしぎさん》に寄寓したとされる。

福屋氏滅亡により、残る尼子方勢力は石見銀山の山吹城周辺地帯のみとなったが、不利を悟った山吹城将の本城常光は同年六月毛利氏に降伏、周辺の尼子方諸城の牛尾久清《うしおひさきよ》や温泉惟宗《ゆのこれむね》らも出雲へ退却したため、毛利氏の石見平定が完成した。

一五六二年七月、毛利氏は尼子氏討伐のため出雲遠征を開始する。赤穴久清《ひさきよ》・三沢為清《ためきよ》・三刀屋久扶《ひさすけ》など出雲国衆が続々と毛利氏に帰順し、同年八月には出雲西部の尼子方拠点鳶巣城《とびのす》を攻略した。同年末元就は宍道湖《しんじこ》北岸の洗骸崎《あらわいさき》に陣を移し、松田誠保《まつだまさやす》が守る白鹿城《しらが》を攻める計画を立てたが、豊前松山城《まつやま》が大友氏の攻撃を受けたという知らせが届き、主力の一部である毛利隆元の軍勢を九州へ派遣することとなり、白鹿城攻撃は一旦中止となった。

翌一五六三年前半元就は、尼子氏領国の出雲・伯耆・美作の各所で尼子氏との合戦を行い、隆元の帰還を待った。しかし豊前松山城での攻防の末大友氏との和睦を成し遂げた隆元は、八月四日出雲へ向かう途中の安芸佐々部《ささべ》で急死する。隆元死去の悲報を受けた元就は、弔い合戦と称して白鹿城攻めを開始するも、松田誠保以下の籠城衆が頑強に抵抗し、二カ月後の十月誠保が降伏し、白鹿城は落城した。

一五六三年末から一五六四年にかけての時期は、尼子氏の本城富田城への兵糧補給を断つため、隣国の伯耆攻略に着手している。途中日野《ひの》郡の領主連合＝「日野衆」による蜂起にあい苦戦するも、宮景盛《かげもり》・杉原盛重《すぎはらもりしげ》らを主力とする軍勢によりこれを平定、伯耆の尼子方を一掃した。一五六五年に入り、毛利氏は美保関や福浦《ふくうら》などに城を構えて中海《なかのうみ》を封鎖、熊野《くまの》城や十神山《とかみやま》城などを攻め落とし、富田城を完全に孤立させた上で、同城攻めを本格的に開始した。途中、故隆元の嫡子輝元《てるもと》の初陣や元就の病気などもあったが、翌一五六六年（永禄九）十一月尼子義久・倫久《ともひさ》・秀久《ひでひさ》兄弟が投降し、尼子氏は事実上滅亡した。

こうして毛利氏は、大内氏、尼子氏を滅ぼし、中国地域随一の戦国大名となった。その後長年和戦を繰り返してきた豊前大友氏との本格的な戦争を開始するが、大内氏旧臣が義隆の従兄弟の輝弘《てるひろ》を担いで山口に侵入したため、大友氏と和睦してこれを殲滅する。さらに尼子氏旧臣の山中幸盛《やまなかゆきもり》・立原久綱《たちはらひさつな》らが尼子勝久《かつひさ》（一五五四年に尼子晴久に滅ぼされた新宮党《しんぐうとう》尼子誠久《まさひさ》の子）を擁して二度蜂起するなど苦戦を強いられる。この尼子氏再興戦が一因となり、天下布武を標榜して畿内を平定し、中国地域へ進出してきた織田信長《おだのぶなが》との全面対立を迎えることになる。

さらに詳しく知るための参考文献

山本浩樹『戦争の日本史12　西国の戦国合戦』（吉川弘文館、二〇〇七）……紙幅の制限から本講では十分に触れられなかった備後・石見を初め、中国地域東部・九州・四国を含めた西国の戦国争乱全般をより詳しく論じている。

長谷川博史『戦国大名尼子氏の研究』（吉川弘文館、二〇〇〇）……尼子氏を「戦国期大名権力」と捉え、一次史料から同氏の歴史を再構築した研究書。

藤井崇『中世武士選書21　大内義興』（戎光祥出版、二〇一四）・同『大内義隆』（ミネルヴァ書房、二〇一九）……気鋭の大内氏研究者による大内義興・義隆の本格的評伝。随所に通説に対する批判的見解が記されている。

池享『知将・毛利元就』（新日本出版社、二〇〇九）・岸田裕之『毛利元就』（ミネルヴァ書房、二〇一四）……長年毛利氏研究を牽引してきた大家二人による毛利元就の評伝。前者は軽快に、後者は重厚に、元就の生涯を論じている。

村井良介『戦国大名権力構造の研究』（思文閣出版、二〇一二）……芸備石地域の「戦国領主」（本講でいう国衆）と戦国大名毛利氏との関係について、詳細かつ理論的に解明した研究書。

第11講

東国の戦国合戦

久保健一郎

†戦国時代の東国と戦争

戦国時代といえば、戦国大名の群雄割拠、国盗り合戦等々のイメージが浮かぶ。だが、それらを導いているのは、多くはごく限定された時期の、限定された「役者」たちの姿である。時期の点でいえば、戦国時代もかなり押し詰まった十六世紀半ば以降、「役者」の点でいえば、かなりの淘汰を経て生き残った一部の強大な大名たちである。

戦国時代の始まりと終わりとをどこに定めるかは、なかなか難しい問題ではあるが、かりに始まりを応仁《おうにん》の乱・享徳《きょうとく》の乱・明応《めいおう》の政変などとして、終わりを秀吉の天下統一としてみると、およそ一〇〇～一五〇〇年近くになり、右に上げたイメージが戦国時代全体のごく一部の姿であるのは明らかである。

さらにそのごく一部とは、多くは東国の著名な戦国大名、上杉謙信《うえすぎけんしん》・武田信玄《たけだしんげん》・北条《ほうじょう》氏康《うじやす》・今川義元《いまがわよしもと》などによることもまた事実であろう。東国のごく一部の戦国大名たちによる戦争は、戦国時代像に大きな影響を与えているのである。

ではその戦争、大規模な戦国大名どうしの戦争とはどういうものか。これについては、「国郡境目相論《こくぐんさかいめそうろん》」という概念化が試みられている。すなわち、大名間の抗争による同盟関係の破綻→抗争領域としての「境目」が生み出される→境界領域の軍事拠点としての城館に対する攻撃（城館攻防戦）と攻撃軍勢に対する後詰《ごづめ》軍勢との決戦（後詰決戦）→停戦後の国分け（「境目」の決定と城館処分）という流れによって戦国時代盛期の戦争を性格づけようとするものである（則竹雄一「戦国時代の盛期はいつなのか」池享編『室町戦国期の社会構造』吉川弘文館、二〇一〇）。

この見解によれば、戦国時代盛期は一五五〇年代〜一五八二年ということになり、それまでは一族・家中による領土紛争を伴わないことを特徴とする戦争の時期＝戦国初期動乱期、それ以後は羽柴（豊臣）秀吉《ひでよし》がいわゆる惣無事《そうぶじ》政策のもと、天下統一を推し進め、戦争のありさまも国郡境目相論とは異なって惣無事令に違反する戦国大名の領国すべてを対象とする惣無事体制下の戦争の時期としてとらえられている。本講もこれを手がかりとして検討を進めていきたい。

†伊勢宗瑞と明応から永正の動乱

戦国時代の関東に覇を唱える小田原北条氏は、伊勢宗瑞《いせそうずい》が初代とされる。もっとも、彼の代には「北条」姓を名乗ってはいないのだが、「北条早雲《そううん》」として著名だったこともあり、現在もこうされるのが通例である。

図１　伊勢宗瑞（早雲寺蔵）

宗瑞は室町幕府政所執事《まんどころしつじ》伊勢氏の庶流で幕府に仕えていたが、甥の竜王丸を駿河《するが》守護今川氏の家督につけた際の活躍などから駿河に下向し、一四九三年（明応二）に伊豆に打ち入って堀越公方《ほりごえくぼう》足利茶々丸《ちゃちゃまる》を攻撃した。これは、かつて宗瑞の戦国大名化であり、下剋上の象徴的出来事と捉えられていた。ところが、実はこの攻撃は中央と東国とにまたがる大きな派閥関係に基づくとの説が提出され、評価が大きく転換することとなった（家永遵嗣《じゅんじ》『室町幕府将軍権力の研究』東京大学日本史学研究室、一九九五）。ただ、宗瑞が中央の意向に従って行ったのか、自身の利益のために派閥関係を利用したかは、なお議論の分かれるところである。

一四九八年、茶々丸が自害して宗瑞はほぼ伊豆の平定を成し遂げた。ついで宗瑞は相模《さがみ》にも足がかりを得ていく。その重要な画期は小田原城の奪取であり、これはかつて一四九五年とみられていた。しかし一四九六年段階で、なお大森氏が小田原城を保持していたことが指摘され、近年では一四九六年七月〜一五〇一年（文亀《ぶんき》元）三月、さらに一五〇〇年六月〜一五〇一年三月との説が出されている（黒田基樹『戦国大名・伊勢宗瑞』角川選書、二〇一九）。

一五〇九年（永正《えいしょう》六）、宗瑞は相模中郡に乱入した。それまで連携していた扇谷《おうぎがやつ》上杉氏の支配領域への攻撃であり、伊勢〜北条氏と扇谷・山内《やまのうち》両上杉氏との長い抗争の始まりであった。一五一二年、宗瑞は中郡・東郡を支配下に収め、一五一六年七月、三浦郡の三浦氏を滅ぼして相模一国を手中にした。

一四九二〜一五二一年（明応〜永正年間）の東国は、古河公方《こがくぼう》足利氏、扇谷・山内両上杉氏、山内上杉氏後継など、かつての鎌倉府の主柱・支柱において一族抗争が起き、ほかにも越後上杉・武田・千葉・佐竹・宇都宮・新田岩松《にったいわまつ》氏等で一族・家中抗争があった。これらは、国郡境目相論の前段階に想定されている戦国初期動乱と合致する現象といえよう。

ただし関東をみた場合、これに外来勢力である伊勢宗瑞が大きく絡んでくる。また、上《かず》総《さ》・安房《あわ》でもともと外来勢力である武田・里見氏が力を伸ばしてくる。一族・家中抗争と外来勢力の進出が、明応〜永正年間における東国の戦争を特徴づけているのである。

✝北条氏の関東進出

一五一九年（永正十六）八月、宗瑞は死去し、嫡子の氏綱《うじつな》が跡を継いだ。一五二三年（大《たい》永《えい》三）、氏綱は北条への改姓を行った。相模一国を支配した鎌倉幕府執権《しっけん》北条氏の後裔に自らを位置づけ、相模支配の正統性を打ち出していったものと考えられる。

翌一五二四年正月、氏綱は武蔵江戸城の奪取に成功した。関東中央部へ進出するための大きな拠点を得たわけだが、これに先立ち、長らく抗争を続けていた扇谷上杉朝興《ともおき》と山内上杉憲房《のりふさ》は和議を結び、以降、一致して北条氏に対抗していくこととなった。

北条氏を「他国之凶徒《たこくのきょうと》」と呼ぶ両上杉氏の巻き返しは激しく、北条氏は却って劣勢に立たされた。氏綱は、この事態に直面して相模支配の正統性を演出したのと同様、さらに広大な関東支配の正統性を打ち出す必要性に迫られたのである。

氏綱のとった方策は、まず一五三二年（天文《てんぶん》元）から取りかかった鎌倉鶴岡八幡宮の大造営事業だった。同八幡宮は古来関東一円の武士たちの尊崇を集めており、いわば関東武士の精神的支柱だった。これの造営は、関東の支配者たる強烈なアピールだったといえる。

続けて氏綱は、関東管領《かんれい》の地位を得ようとした。一五三八年十月、古河公方足利晴氏《はるうじ》の「上意」を受けた氏綱・氏康父子の軍勢は、下総《しもうさ》松戸相模台で小弓《おゆみ》公方義明《よしあき》（晴氏の叔父）と彼を擁する里見氏の軍勢と決戦に及んだ。激戦の末、義明が戦死し、里見勢は敗走して小弓公方は滅亡した。いわゆる第一次国府台《こうのだい》合戦で、この戦いは関東足利氏の内訌《ないこう》ということでいえば戦国初期動乱の一事例だが、北条氏は古河公方を補佐する関東管領に擬せられる成果を得た。

さらに氏綱は一五三九年、娘を晴氏に嫁して古河公方の「御一家《ごいっか》」となった。古河公方を補佐し、姻戚となり、まさに一体化することにより関東支配の正統性を示したのである。

それでも両上杉氏の勢力は強く、晴氏も上杉方についたりしたが、一五四一年の氏綱死後、家督を継いだ氏康は、一五四六年の河越合戦で大勝し、扇谷上杉朝定《ともさだ》の戦死により、扇谷上杉氏が滅亡すると、ようやく優劣が決定的となった。一五五二年、山内上杉憲政《のりまさ》が上野平井城から越後長尾氏を頼って没落したことにより、北条氏と上杉氏との四十年以上に及んだ抗争はついに終結した。

この間、一五三六年、駿河の国主今川氏輝《うじてる》の急死により、内訌を経て義元が家督を相続するが、一五三七年、彼が武田氏との同盟に踏み切ったことにより、北条氏との手切れ、抗争に至った。これを河東一乱《かとういちらん》といい、一度小康状態になったのち、一五四五年に再燃するが、甲斐《かい》の武田晴信《はるのぶ》（のち信玄、以下信玄で統一）の斡旋で、北条方の駿河からの完全撤退で落着した。

河東一乱は、東国における国郡境目相論の早い事例と指摘されており、一五五二〜五四年に三者間で婚姻関係が結ばれ、いわゆる甲相駿《こうそうすん》三国同盟が成立した。

一五二一〜五五年（大永〜天文年間）の東国は、北条氏の関東進出が一大焦点といえるが、これは北条氏による関東足利氏推戴〜一体化の過程でもあり、前代の政治秩序の影響を色濃く受けているところに特徴があるといえよう。

†謙信・信玄の小田原城攻撃

では、戦国盛期における東国の戦争は国郡境目相論で総括できるだろうか。実は、著名な戦争ほどそうではない。まず、一五六〇年（永禄《えいろく》三）の桶狭間合戦である。今川義元の尾張《おわり》侵攻の目的には議論があるが、いずれにしろ領土協定に結果していないところは国郡境目相論の要件を欠く。

ついで、一五六〇〜六一年の長尾景虎《かげとら》による関東侵攻である。一五五二年（天文二十一）関東を没落した山内上杉憲政に頼られた景虎は、一五六〇年秋、憲政を奉じて越後を進発、上野に侵入し、翌年三月に北条氏の本拠小田原城を包囲した。

図２　上杉謙信（上杉神社蔵）

だが、本格的衝突はないまま、景虎は閏《うるう》三月に鎌倉へ移り、憲政から山内上杉氏の名跡を継いで「政」字の偏諱《へんき》（実名の一字）を受け、上杉政虎《まさとら》と名乗った（のち輝虎、さらに出家して謙信。以下、謙信で統一）。さらに北関東へ移って六月には越後に帰国している。

謙信は境界領域の攻撃というよりも敵領国の奥深く攻め入って本拠を攻撃しており、しかも領土協定なども行われていない。これも国郡境目相論の要件を欠く。

さらに、一五六八年の武田信玄による駿河侵攻、続く徳川家康《とくがわいえやす》の遠江《とおとうみ》侵攻による今川領国の瓦解である。これにより武田氏と北条氏も対立することとなって三国同盟は消滅するが、この戦争も境界領域の攻撃どころか領国自体の奪取が目的である。関連して武田・徳川間の駿河・遠江国分けや、北条・今川間の約諾などもあったが、こうした領土協定は、そもそもの発端である武田・今川間のものではないのだから、国郡境目相論の一変形とするのにも躊躇せざるをえない。

右述の武田・北条の対立は、一五六九年十月の信玄による小田原城攻撃をもたらした。

この際も本格的な衝突のないまま、数日で信玄は撤退し、追撃した北条軍は三増《みませ》峠で敗れている。ここでの信玄は、やはり境界領域を踏み越えて長駆《ちょうく》、敵本拠小田原城を包囲しており、領土協定も伴っていない。

永禄年間までをざっと見ると以上のごとくだが、国郡境目相論にあてはまらない事例には、ほかに特徴的な事柄はみられるだろうか。

そこであらためて小田原城に対する謙信と信玄の攻撃について考えると、謙信の場合、山内上杉憲政を奉じていること、鎌倉入りして山内上杉氏の名跡を継いでいること、この後足利藤氏《ふじうじ》（晴氏と簗田高助娘の子）を古河公方の正統な継承者として擁することなどが注目される。

謙信は、以降北関東諸氏や房総の里見氏などと結びつつ、しばしば関東に侵入することになるが、この抗争は足利義氏《よしうじ》（晴氏と氏綱娘の子）―北条氏、足利藤氏―上杉氏のいずれが公方―管領として関東支配の正統性を有するかとの様相を呈する。つまり、謙信の小田原城攻撃を含む関東での戦いは、まさに前代以来の関東の政治秩序に規定されているといえるのである。

一方、信玄の場合、謙信ほどではないが、次の大きな変動との関連は考えられる。

†画期としての越相同盟

三国同盟の破綻により、北条氏康はそれまで対立していた謙信との協力を模索し始める。いわゆる越相《えつそう》同盟の成立へ向けての動きである。謙信も信玄と対立し続けていたわけで、敵の敵は味方ということであるが、一五六九年（永禄十二）に成立したこの同盟は、たんなる戦国大名同士の和睦にとどまらない大きな意味を有した。

すなわち、謙信が北条氏の擁する足利義氏を古河公方と認め、北条氏が謙信を関東管領と認めたことにより、公方―管領として関東支配の正統性を有するか、との争点が消滅したのである。

謙信は上野を得ることになったが、それはあくまで自力による平定が前提であり、実際、それは失敗に終わった。また、謙信が北関東・房総の反北条氏勢力の反対を押し切って同盟に踏み切ったことは、これら勢力との間に拭い難いしこりを残した。結果として謙信は大きな貧乏くじを引くことになったのである。

さらに、北条氏はあえて古河公方を擁する必要もなくなった。関東管領の地位は謙信に譲ったわけであるし、公方―管領の枠組みで関東支配の正統性を争うこともなくなったからである。それでも北条氏は自身が新たな「公方様」と称することはできなかったので、以降、「大途《だいと》」との立場を強く打ち出しながら、支配を展開していくことになる。この「大途」とは、前代以来、東国で公的重大性を示す言葉として認知されていたもので、北条氏はこれに乗じることとしたのである（久保健一郎『戦国大名と公儀』校倉書房、二〇〇一）。

こうして、関東における戦争・政治はようやく鎌倉府およびその中心であった公方―管領の枠組みの影響を払拭することになった。

ただ、越相同盟に対しては、信玄も絡んでいった。すなわち、謙信との当面の和睦を模索しつつ、謙信との間に溝を生じた北関東・房総の反北条氏勢力に接近して連携を図ろうとしたのである。

そのような情勢の中、信玄は小田原城を囲んだのであった。これと、信玄が数日で包囲を解いて撤退していることとを考え合わせると、信玄の長征は、反北条氏勢力に対する一大デモンストレーションだった可能性に思い当たる。つまり、自身の断固たる北条氏への攻撃姿勢を示すことこそが目的だったのではないか。それはもちろん反北条氏勢力に向けてであり、彼らの信頼を獲得するためである。してみれば、信玄の小田原城攻撃も前代以来の関東の政治秩序と無関係ではなかったことになろう。

ただし、信玄もその秩序の枠内で活動し続けようとしたわけではなく、大勢として関東における戦争・政治は新たな段階に進むことになったのである。

二つの統一戦争

越相同盟は、謙信が北条氏の出兵要請にほとんど応えず、軍事同盟としては機能しなかった。同盟を主導した氏康が一五七一年（元亀《げんき》二）死去すると、子息の氏政《うじまさ》（一五六〇年、氏康に家督を譲られ、当主となっていた）は上杉氏と手を切り、武田氏との同盟を復活させた。いわゆる第二次甲相同盟である。

これにより、北条氏は北関東・房総の反北条氏勢力との抗争に専念できることになった。天正《てんしょう》年間に入ると、下野《しもつけ》小山氏が北条氏の攻撃に耐えきれず祇園《ぎおん》城から没落、常陸《ひたち》南部の岡見・土岐氏らが北条氏に従属、さらには里見氏が事実上屈服するかたちで北条氏との和睦を結ぶなど、北条氏が関東統一へ向けて優勢に戦いを進めた。

ところが、一五七八年（天正六）に大きく情勢が変わった。発端は同年の謙信の死去で、後継をめぐって養子の景勝《かげかつ》・景虎の抗争が始まった。景勝は謙信の甥だが、景虎は氏康の子で越相同盟により越後に来ていた。

この抗争は御館《おたて》の乱というが、これに際して氏政は当然弟の景虎を支援しようとし、信玄の跡を継いでいた勝頼《かつより》にも援軍を要請したが、景勝は勝頼に和睦を申し入れ、甲越和与が成立してしまった。以降景勝は攻勢を強め、一五七九年、景虎が自害して御館の乱は終結した。

北条氏からみれば、景虎の敗死は武田氏が景勝側についたためであったから、第二次甲相同盟は破綻し、北条氏と武田氏とは交戦状態に入った。これにより、反北条氏勢力も攻勢を強め、北条氏は一転危機状況に陥った。

そこで、北条氏は武田氏と対立する徳川家康と同盟を結び、さらに一五八〇年には、天下統一へ向けて勢力を拡大する織田信長《おだのぶなが》に従属する道を選んだ。この後、北条氏は織田・豊臣政権と関わりをもちながら関東での戦いを進めていくことになる。

図3　北条氏康（早雲寺蔵）

特に信長の本能寺での横死後は、秀吉がいわゆる惣無事政策のもと、天下統一を推し進め、戦争のありさまも国郡境目相論とは異なって惣無事令に違反する戦国大名の領国すべてを対象とする惣無事体制下の戦争とする見解もある。ただし、この見解でも惣無事体制に従わない大名の戦争は天下統一まで国郡境目相論としている。
たしかに、この時期秀吉は天下統一への動きを加速させていくが、他地域でも地域内統一が顕著に進められているとみてよい。

関東では北条氏、九州では島津氏、四国では長宗我部氏、奥州では伊達氏等々である。

これらは国郡境目相論とは段階を異にすると考える。北条氏の場合などは本能寺の変後、滝川一益《たきがわかずます》を神流川《かんながわ》の戦いで破り、さらには徳川家康との国郡境目相論＝天正壬午《じんご》の乱を経て関東統一に邁進するわけで、国郡境目相論で強大な大名との国分けを実現した後、それとは異なる方向へ後顧の憂いを断って進出し、地域統一を目指しているのである。

してみれば、一五八二〜九〇年は、惣無事体制下の戦争とそれに従わない国郡境目相論と特徴づけるよりは、天下統一戦争と地域統一戦争とが平行して進み、かつ前者が後者を飲み込んでいくといえる。秀吉の立場からだけでない見方をとりたいので、このように位置づけておく。関東に即していえば、すでに「関東統一と天下統一の競合」という表現もされている（市村二〇〇九）。

以上、国郡境目相論はたしかに戦国時代の戦争のある側面を的確に示しているが、関東の場合、戦争のありさまは、越相同盟までは前代以来の政治秩序、すなわち鎌倉府、公方—管領の枠組みに規定され、一五八二年以降は地域統一戦争の様相を呈した。こうした点をふまえて国郡境目相論自体を再検討していくことが必要であろう。

さらに詳しく知るための参考文献

佐藤博信『古河公方足利氏の研究』（校倉書房、一九八九）……本文で述べた前代からの政治秩序について、「鎌倉府体制」「公方―管領体制」「関八州国家体制」等の概念を用い、詳細に論じている。

市村高男『戦争の日本史10　東国の戦国合戦』（吉川弘文館、二〇〇九）……戦国時代東国の戦争に関して、北条氏中心となりがちなところ、周辺領主の動向も詳細に組み入れた好著。総合的にみて、現在もこの分野での到達点。

久保健一郎『戦国大名の兵粮事情』（吉川弘文館、二〇一五）……戦国時代の戦争に関して、少し違った角度からみたい人にすすめたい。

山田邦明編『関東戦国全史』（洋泉社歴史新書y、二〇一八）……関東の戦国時代を、広く目配りしつつコンパクトにまとめた書。

黒田基樹『戦国北条五代』（星海社新書、二〇一九）……小田原北条氏の軌跡を詳細に跡づけた書。元本は『戦国北条一族』（新人物往来社、二〇〇五）、さらに『戦国北条氏五代』（戎光祥出版、二〇一二）を経て、増補改訂も加えられた最新版。

第12講　石山合戦

金子　拓

†信長と石山合戦

織田信長が足利義昭《よしあき》に供奉《ぐぶ》して上洛したのは一五六八年（永禄《えいろく》十一）九月のこと。彼が家臣明智光秀の謀叛《むほん》、いわゆる「本能寺の変」において四十九歳で命を落としたのは、一五八二年（天正《てんしょう》十）六月のことである。この足かけ十五年にわたる信長のいくさは、現代のコンピューター・ゲーム『信長の野望』に象徴されるような、のちに羽柴《はしば》（豊臣）秀吉・徳川家康へと引き継がれることになる〝全国統一〟に向かってのものであった、と考えられてきた。

しかし近年では、信長が用いた印章の印文《いんもん》として刻んだ「天下布武《ふぶ》」の四文字は、室町将軍が治めていた五畿内を中心とする地域（「天下」）の秩序回復を掲げたものであり、義昭とともに上洛した後は、将軍によるこの地域の政治秩序安定（「天下静謐《せいひつ》」）を第一の大義名分として行動していたという考え方が、徐々にではあるが浸透してきたように思われる。「天下布武」「天下静謐」という標語は、かならずしも〝全国統一〟にはむすびつかないのである。

いま述べたような見方をもとに十五年にわたる信長のいくさを展望しようとするとき、「石山合戦《いしやまかっせん》」は大きな位置を占める。

石山合戦とは、信長と、摂津《せっつ》国大坂に堂舎を構える浄土真宗（一向宗）寺院・本願寺（大坂本願寺、俗に「石山本願寺」と称される）とのあいだの戦いを指す歴史用語である。一五七〇年（元亀《げんき》元）九月、信長に敵対を決意した本願寺門主顕如《けんによ》が諸国の門徒にも蜂起を呼びかけて以来、何度かの和睦とその決裂を経て、一五八〇年（天正八）閏三月に講和に至った（その後も顕如の子教如《きようによ》が退去を拒否し本願寺に居座り続けるが、同年八月に退去する）。

つまり石山合戦は、足かけ十一年にわたったことになる。信長が上洛してから没するまでの十五年のうち、実に三分の二を占める期間、本願寺は信長の敵として彼の前に立ちはだかっていたのである。先に石山合戦が信長の戦いのなかで大きな位置を占めると書いたのはそのような意味もある。

ここでは石山合戦を軸に据え、十五年という期間を石山合戦とその前後の三つに分け、本願寺との関係に注意しながら信長のいくさを見てゆくことにする。合戦以前は約二年、合戦後も二年数ヵ月に過ぎないことになり、三つの時期の時間的な長さはいちじるしく不均衡である。ただ、あえてそのように区切ることにより、見えてくることがあるかもしれない。

✝上洛後の義昭と信長―石山合戦以前

一五六八年九月に上洛した足利義昭と織田信長の当面の敵は、それまで「天下」を支配していた勢力と、それに味方する周辺勢力であった。彼らの上洛以前の「天下」は、義昭の兄義輝を殺害し三好義継とその家臣である三好三人衆（三好長逸《ながやす》・同宗渭《そうい》・石成友通《いわなりともみち》）が牛耳っていた（ただし義継ものち三人衆と対立する）。

義継と三人衆は、足利義昭の従兄弟にあたる義栄《よしひで》を擁立した。義栄は三好氏が本国阿波《あわ》において庇護していた「堺公方」義維《よしつな》（義輝・義昭兄弟の父義晴の弟）の子であり、三人衆らの後ろ盾により、義昭に先だって一五六八年二月に将軍宣下《せんげ》を受けたのである。

諸国流浪のすえ、美濃《みの》・尾張《おわり》の大名である信長を頼った義昭は、同年九月、信長とともに上洛を開始する。京都へ上るためには近江《おうみ》南部を支配していた大名六角《ろっかく》氏の協力が必要であった。そこで義昭は六角承禎《じょうてい》（義賢《よしかた》）に対して、上洛を果したのちには「天下所司《しょし》代《だい》」の職を約束すると提示したものの承禎はこれを拒んだ。そこで信長の軍勢は六角氏と戦い、撃退に成功する。

入京したふたりは、京都に腰を落ち着けることなく、すぐさま摂津・河内《かわち》へと進み、三人衆に味方する勢力の鎮圧に動いた。その結果、摂津芥川《あくたがわ》城などに拠っていた三人衆らが城を捨てて退散し、同国池田城の池田勝正《かつまさ》が降参した。ふたりは時間をかけることなく、これらの地域の平定に成功したのである。義昭は十月十八日に将軍宣下を受け、念願を叶えた。信長には「副将軍」となることを要請したものの、信長はこれを断って、同月二十八日に岐阜へ帰った。

ところが、翌一五六九年（永禄十二）正月、信長不在の隙をついて、三人衆らが義昭の御座所《ござしょ》であった京都の六条本圀寺《ほんこくじ》を急襲する（本圀寺合戦）。このときは守備のため本圀寺にあった武士たち（このなかに明智光秀の名もある）と、あとから援軍として駆けつけた細川藤孝らの奮戦により、かろうじて敵を撃退することができた。

それから本願寺が敵対するまでの約一年半のあいだで、信長にとってもっとも大きなできごとは、妹婿浅井長政が越前の大名朝倉義景《よしかげ》と同盟をむすんで離叛したことだろう。

義昭は一五七〇年（元亀元）四月、若狭《わかさ》の国衆武藤友益《むとうともます》の「悪逆」を鎮めるため出陣した。信長もこれに従っている。その後ふたりは隣国の朝倉氏を攻撃することから、この出兵は信長が主体であり、〝全国統一〟のための越前に対する侵略であるとされてきた。しかし最近、このいくさを仕掛けたのはあくまで義昭で、その目的は武藤氏成敗であり、信長は幕府軍としてそこに加わったにすぎないとする指摘がなされた。

この武藤氏攻めについて、若狭は五畿内、つまり「天下」の外に位置するから、そこへの出陣は侵略にほかならないのではないかという反論が予想される。しかし「天下」を収めるためにはその領域内の治安維持だけでは不十分であり、それを脅かす外側の勢力があれば、「天下静謐」の名分による攻撃は正当性を有するのである。

これはあくまで信長側の言い分だが、その後さらに越前へ侵攻したのは、朝倉義景が背後から武藤氏を援護していたからだと後に述べている（『毛利家文書』）。このいくさに従軍していた浅井長政がこのとき叛旗を翻《ひるがえ》したため、信長は急ぎ越前から京都へ退却し、態勢を立て直さざるをえなかった。

長政が義兄信長から離叛したのにはそれなりの理由があり、勝算もあったのだろう。近江北部を支配していた大名浅井氏が織田氏に飲みこまれることへの警戒感や、前代以来の浅井氏と朝倉氏との深いむすびつきなどが理由として考えられている。以後一五七三年（元亀四・天正元）八月に信長によって滅ぼされるまでの足かけ四年にわたり、両氏は反信長勢力の中核として、「天下静謐」を脅かす存在でありつづけた。

†本願寺の敵対──石山合戦の幕開け

浅井・朝倉氏の義昭・信長への敵対から、本願寺の蜂起、すなわち石山合戦の始まりまで、さほど時間はかからない。

一五七〇年九月初旬、本願寺に近い摂津野田・福島の城に立て籠もった三好三人衆を攻撃するため、義昭・信長は出陣し、敵城付近に布陣して攻撃を行っていた。すでに義昭出陣の時点で本願寺蜂起の噂があったようだが(『尋憲記《じんけんき》』)、その噂どおり、本願寺方が信長の陣を急襲したのは十二日のことである。

このときふたりは、本願寺との本格的な交戦を回避するべく、正親町《おおぎまち》天皇に和睦調停を要請した。おなじく調停に動いていた前関白・近衛前久《このえさきひさ》に対して顕如は、「当時信長 恣《ほしいまま》の所行、かつがつ堪え難き次第に候(現在の信長の専横なふるまいに我慢ならない)」と蜂起の理由を述べている(『顕如上人文案』)。

しかしこの蜂起の裏には、もう少し現実的な理由も想定できるようである。本願寺はもともと三好三人衆と親密な関係にあって、それゆえ三人衆に味方したのではないかというのである。そう指摘する神田千里氏によれば、三人衆の蜂起に連動して義昭・信長に戦いを仕掛けた朝倉・浅井・六角氏らもまた本願寺と親しい関係にあったという。敵対勢力は本願寺を媒介としてむすびつきつつあった。

野田・福島という本願寺に近い場所で激しい戦闘がくり広げられたことに対して教団を守ろうとする危機意識があったとも考えられるし、「天下」に乗りこんできた新たな勢力に対する本能的な嫌悪感もあったのかもしれない。ただ、右に紹介した顕如の言い分では、信長だけが槍玉に挙げられている。将軍義昭はともかく、それまで畿内とは何の関わりもなかった尾張守護代家に連なる得体の知れない勢力と信長を見ていたのかもしれない。

本願寺と連携した浅井・朝倉氏も軍勢を進め、九月中旬、信長の家臣森可成《もりよしなり》の守る近江宇佐山《うさやま》城を攻撃してこれを落とした。両氏の軍勢はさらに京都へ接近し、周辺を放火している。十一月には伊勢長嶋の一向一揆《いっこういっき》も挙兵して、尾張小木江《こきえ》城を攻め、そこを守っていた信長の弟信興《のぶおき》を自刃に追いこんだ。

いっぽうで信長は、近江にあった浅井・朝倉軍を攻撃するために兵を動かした。朝倉軍が比叡山に退いて砦を構え抵抗するのを見て、信長は延暦寺《えんりやくじ》に対し、自分に味方するなら所領安堵を約束し、そうでなければ山を焼き払うと告げている。約一年後に現実化する延暦寺焼討ちの重要な伏線である。

この、〝志賀《しが》の陣〟と呼ばれる上洛後における信長最大の危機は、十二月、義昭の仲介による浅井・朝倉氏との和睦（実際には信長側の大幅な譲歩）でいったん収束する。

†石山合戦と〝信長包囲網〟の成立・瓦解

浅井・朝倉氏と信長との和睦が、本願寺と信長の関係にどのような影響を及ぼしたのか、はっきりとわかっていない。これにより本願寺とのあいだでも事実上休戦となったのではないかと考えられているいっぽうで、一五七一年（元亀二）二月には信長の家臣滝川一益《かずます》が長嶋へ向け出陣したというから（『桑名郡志』）、長嶋一向一揆はなお敵対を続けていた。

その後五月には浅井氏が織田軍と戦っているから、この時点での前年末の和睦無効は明らかである。信長自身もこの月に長嶋一向一揆攻めのため出陣している。さらに、非協力的な姿勢を変えなかった延暦寺に対し、前年の警告に基づいて九月に焼討ちを敢行し、徹底的な殺戮を行った。

翌年の一五七二年（元亀三）、浅井・朝倉氏と提携するかたちで、それまで同盟関係にあった武田信玄が遠江《とおとうみ》・三河《みかわ》に侵入し、信長に敵対した。十月初旬のことである。この時点で義昭と信長の関係も険悪化の一途をたどっていたが、同年年末頃、信長が義昭に対して十七箇条の意見書を提出したことをきっかけに、ふたりの関係は決裂した。これにより義昭を軸として、京都を取り囲むように本願寺・朝倉・浅井・武田氏らが信長に敵対する、〝信長包囲網〟が形成された。

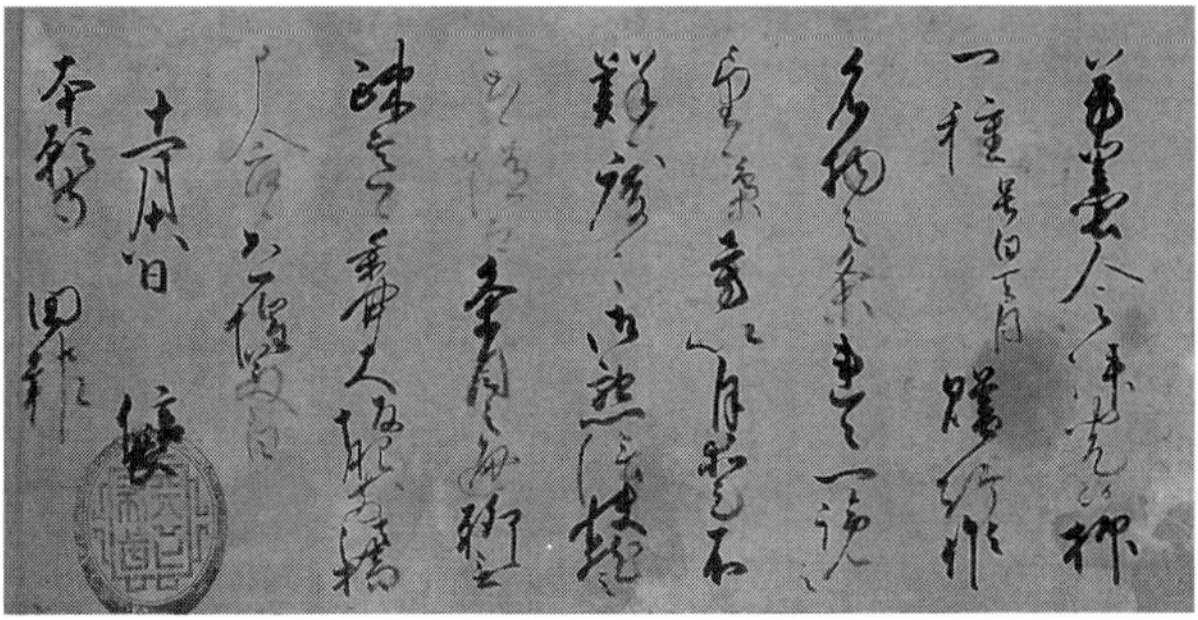

図1　織田信長黒印状（西本願寺蔵）。天正元年に和睦状態にあった顕如から「白天目」という名物の茶碗を贈られたことに対する礼状。

ただしこの包囲網も、翌一五七三年には瓦解する。四月に信玄が病没して武田軍は領国に撤兵した。七月には、何度かの抵抗のすえ、義昭が「天下」からの退去を余儀なくされる。義昭に味方する勢力を一掃した勢いを駆って、八月に信長は越前・近江に出兵し、朝倉氏、ついで浅井氏を討つことに成功する。唯一残った本願寺もその後和睦を乞うてきた。

信長は義昭の帰京に含みを持たせていたものの、義昭側が人質などについて強硬な条件を提示して譲らず、交渉はまとまらなかった。その結果一五七四年（天正二）以降、将軍不在の「天下」の空間は信長が統治することになったのである。

一五七三年末に信長と和睦した本願寺は、翌年またしてもこれを反古にする。顕如は越前の門徒に蜂起を呼びかけ、また摂津・河内などでも挙兵して信長を悩ませることになる。信長は、一五七四年九月に長嶋一向一揆を、翌一五七五年（天正三）八月には越前の一向一揆を討ち、「根切《ねぎり》」と呼ばれる徹底した殺戮を行った。

これらの虐殺は、延暦寺焼討ちとともに、旧勢力・宗教勢力と正面から対峙してこれを屈服させようとした、信長のいくさを象徴する残酷な仕打ちとして知られる。しかし信長には信長の論理があった。彼らは仏法《ぶっぽう》を信奉する聖職者でありながら、それを悪用して俗的な権利を主張するという、社会規範を守らない者たちであり、そうした集団を討つのは当然だというのである。

諸国の一向一揆だけでなく、信長は本寺本願寺に対しても容赦しなかった。一五七五年には本格的な本願寺攻撃を予定し、同年四月にはその下準備として本願寺近くまで出陣し、周辺の砦を落としたり、苅田《かりた》を行ったりした。このときの信長の出陣に対し、信玄の跡を継ぎ武田家の当主となった勝頼《かつより》が、本願寺を援護するためという名分を掲げて三河に侵入する。その結果生じたのが、五月の長篠《ながしの》の戦いである。長篠の戦いは、広い意味で石山合戦の副次的ないくさだと位置づけることができるのである。

†信長を悩ませる本願寺と義昭──石山合戦の新段階と終熄

一五七五年五月に、長篠の戦いで武田氏が大敗を喫し、八月には越前の一向一揆が殲滅《せんめつ》させられた。こうした状況を受け、この年の十月、またしても信長と本願寺は起請文《きしょうもん》を取り交わして和睦した。信長にとってみれば「赦免《しゃめん》」である。和睦締結を見込んでのことか、信長は十一月、織田家の家督を嫡男信忠《のぶただ》に譲り、翌年から安土城の築城を開始する。またこれと同時に、関東や陸奥《むつ》の大名に対し、武田氏攻めの協力を要請する書状を送った。これらの取次役にあたった信濃《しなの》の小笠原貞慶《さだよし》には、関東の国衆たちとむすべば「天下安治」目前だと述べている（『小笠原系図所収文書』）。

ところが「天下」の情勢は信長が期待したようにはならなかった。翌一五七六年（天正四）二月、紀伊《きい》に逼塞《ひっそく》していた義昭が備後《びんご》の鞆《とも》に移り、毛利輝元《てるもと》に協力を要請した。これを受け、毛利氏が義昭を保護して信長に敵対することを決断したのである。

義昭は武田勝頼はじめ、相模《さがみ》の北条氏政《うじまさ》、越後の上杉謙信《けんしん》に、それぞれのいくさを止めて足利氏再興に協力するよう呼びかけた。そして本願寺も、みたび和睦を破棄して信長へ刃を向けることになったのである。以後一五八〇年の講和まで、本願寺と信長のいくさは続くことになった。

一五七六年以降の状況がそれまでと異なるのは、義昭の後ろ盾として大名毛利氏がついていたことである。これに畿内にあった本願寺が味方することにより、〝反信長〟勢力が結集するための核がしっかりと形成されたのである。

図２　顕如（泰巖歴史美術館蔵）

一五七七年（天正五）八月における大和の家臣松永久秀《ひさひで》・久通《ひさみち》父子の離叛、一五七八年（天正六）二月における播磨《はりま》の国衆別《べっ》所《しょ》氏の離叛、同年十月における摂津の家臣荒木村重《むらしげ》の離叛など、毛利氏や本願寺と対峙する織田軍の身近なところで、有力な家臣・同盟勢力が次々と信長に叛旗を翻している。彼らの離叛は、もちろんそれぞれに個別の事情があるとはいえ、毛利氏や本願寺の軍事的支援を期待するという共通した理由もあったと思われる。信長は彼ら離叛勢力の鎮圧に苦労したが、一五七九年（天正七）十一月に村重の居城有岡《ありおか》城が開城され（村重は逃亡する）、一五八〇年正月には別所氏の居城三木《みき》城を落城させた。

ところで、一五七九年四月に、北陸方面で交戦していた上杉謙信が病没したという情報を得た直後、信長は当時就いていた右大臣の官職を辞する上奏《じょうそう》文を天皇に献じた。

この上奏文のなかで信長は、「東夷《とうい》・北狄《ほくてき》すでに亡《な》し。南蛮《なんばん》・西戎《せいじゅう》なんぞ属さざらんや」として、周囲の敵対勢力に、中華思想に基づく異民族の呼称を当てている（『仁和寺文書』

ほか）。東夷は武田氏（信玄）、北狄は上杉氏（謙信）であり、南蛮が本願寺、西戎が毛利氏に該当するのだろう。信玄・謙信亡きあと、残る敵は本願寺・毛利氏となったので、この征討に全力を傾けるべく官職を辞したいというのである。

こうした信長の意気込みもあったのか、三木城落城後ほどなく、顕如は信長との和睦に応じた。これもまた天皇による和睦調停（「勅命講和」）によるものだった。

石山合戦後の信長

幾度かの和睦を破棄するばかりか、これだけ長期間敵対していた本願寺を、なぜ信長は赦したのだろうか。本願寺としては、教団存続が保証されればよかったとされている。一五七六年に毛利氏とむすんだ蜂起のとき、背後に将軍義昭がいた。したがって、将軍を超える権威によって和睦が提示されれば、これに応じる本願寺の顔は立ったのだと指摘されている。それゆえの天皇を担ぎ出しての調停であった。

長嶋や越前の一向一揆を徹底的に殲滅したのに対し、本願寺本寺に対しては、執拗な攻撃も行いながら、和睦にその都度応じて存続を認めている。毛利氏や上杉氏のように「天下」の外にある敵と異なり、「天下」の内部で秩序を脅かす存在である本願寺を無理に潰すことの危険性を感じていたのかもしれない。

図３　足利義昭（東京大学史料編纂所蔵）

本願寺との講和が成った翌年の一五八一年（天正九）正月、信長は安土《あづち》城下にて左義長《さぎちょう》の祭礼を派手に催した。爆竹を鳴らすだけでなく、きらびやかな衣装をまとい、家臣たちに馬を走らせ競わせることを楽しんだ。この噂が京都の朝廷まで届き、京都でも同様の催しをするよう要請された。こうして行われたのが「馬揃《うまぞろ》え」であった。ようやく本願寺とのいくさが終わった喜びが、この祝祭には込められている。

残るおもな敵対勢力は、武田氏・上杉氏・毛利氏である。彼らの背後には将軍義昭がいた。もちろん義昭自身に固有の兵力があるわけではない。義昭がいるところに幕府があったともいえないのではあるが、中世において連綿と政治支配を続けてきた将軍としての権威にはあなどりがたいものがあった。

最終的に信長に対して謀叛を起こし、殺害に成功した明智光秀は、その後義昭・毛利氏に接触しようとしたふしがある。事件以前から光秀の背後に彼らがいたとは考えられないが、信長を討った光秀が結果として義昭や毛利氏を頼ろうとした点で、荒木氏や別所氏の離叛と構造が似ている。こういう言い方は誤解を招くかもしれないが、それゆえに信長の十五年は、将軍という存在に翻弄され続けたと言えるのではあるまいか。

さらに詳しく知るための参考文献

神田千里『信長と石山合戦』(吉川弘文館、一九九五)・『戦争の日本史14　一向一揆と石山合戦』(同、二〇〇七)……本願寺教団の思想や構造を踏まえ石山合戦の全体を見通した基本文献。

谷口克広『戦争の日本史13　信長の天下布武への道』(吉川弘文館、二〇〇六)……信長の全体のいくさのなかで石山合戦の位置づけを知りたい方のために。

久野雅司『足利義昭と織田信長　傀儡政権の虚像』(戎光祥出版、二〇一七)……信長にとって義昭はどのような存在だったのかを知るための最新研究。

真宗史料刊行会編『大系真宗史料　文書記録編12　石山合戦』(法藏館、二〇一〇)……実際の史料に基づいて石山合戦をたどりたいときに必携の史料集。

金子拓『織田信長〈天下人〉の実像』(講談社現代新書、二〇一四)……ここで述べた信長の天下統治に関する筆者の考え方をまとめている。

第13講

豊臣秀吉の統一戦争

平井上総

本講のテーマは豊臣（羽柴《はしば》）秀吉の日本統一に関わる戦争である。秀吉の戦争は織田政権からの自立段階のものと、日本を統一する段階のものがあり、それぞれ大きな戦いとなっているため順番にみていきたい。ただし、豊臣政権の戦争は政治・外交の一環としての出来事という性格が特に濃いため、個々の戦闘の様子を細かくみることはせず、そこに至る過程を重視して記す。

なお、秀吉は一五八五年（天正《てんしょう》一三）八〜九月頃に豊臣姓を朝廷からもらっている（遠藤珠紀「朝廷官位を利用しなかった信長、利用した秀吉」神田裕理編『ここまでわかった戦国時代の天皇と公家衆たち』洋泉社、二〇一五）。苗字が羽柴、本姓が豊臣という違いもあるが、便宜のため、本稿では時期によって羽柴・豊臣両方の表記を使い分けることとしたい。

†賤ヶ岳の戦いから小牧・長久手の戦いへ

一五八二年（天正十）、本能寺の変で織田信長を殺害した明智光秀を、羽柴秀吉は山崎の戦いで破った。その後六月末に行われた清須《きよす》会議で、信長の孫三法師《さんぼうし》（秀信《ひでのぶ》）が織田氏の当主になること、秀吉・柴田勝家《かついえ》・丹羽《にわ》長秀《ながひで》・池田恒興《つねおき》が宿老として合議で織田政権を運営していくことが決定された。だが、信長の子織田信雄《のぶかつ》・信孝《のぶたか》兄弟の存在や、宿老間の対立によってこの体制は安定せず、同年十一月には秀吉・長秀・恒興の三名が織田信雄を三法師の名代として担ぎ、信孝・勝家と争う姿勢をみせるようになった。

こうして、兄弟の名代争いと、宿老たちの主導権争いの結果、一五八三年（天正十一）四月の賤ヶ《しずが》岳《たけ》の戦いが起こる。北近江《おうみ》の賤ヶ岳周辺で柴田・羽柴両軍が戦い、羽柴勢が勝利した。二四日には北ノ庄《きたのしょう》城で勝家が切腹、翌月には岐阜城にいた信孝も切腹した。

この時、信孝・勝家陣営は、織田政権と対立してきた足利義昭《よしあき》（中国の毛利輝元のもとに逗留中）や、四国の長宗我部《ちょうそかべ》元親《もとちか》と連携するなど、信雄・秀吉陣営を包囲する態勢を作っていた。一方、信雄・秀吉側も越後の上杉景勝《かげかつ》、東海地方の徳川家康と連携しており、この戦いは政権外部の大名も巻き込んだ大規模な内乱として展開していた。

信雄・秀吉陣営の勝利によって信孝・勝家が死去したが、一度分裂してしまった織田政

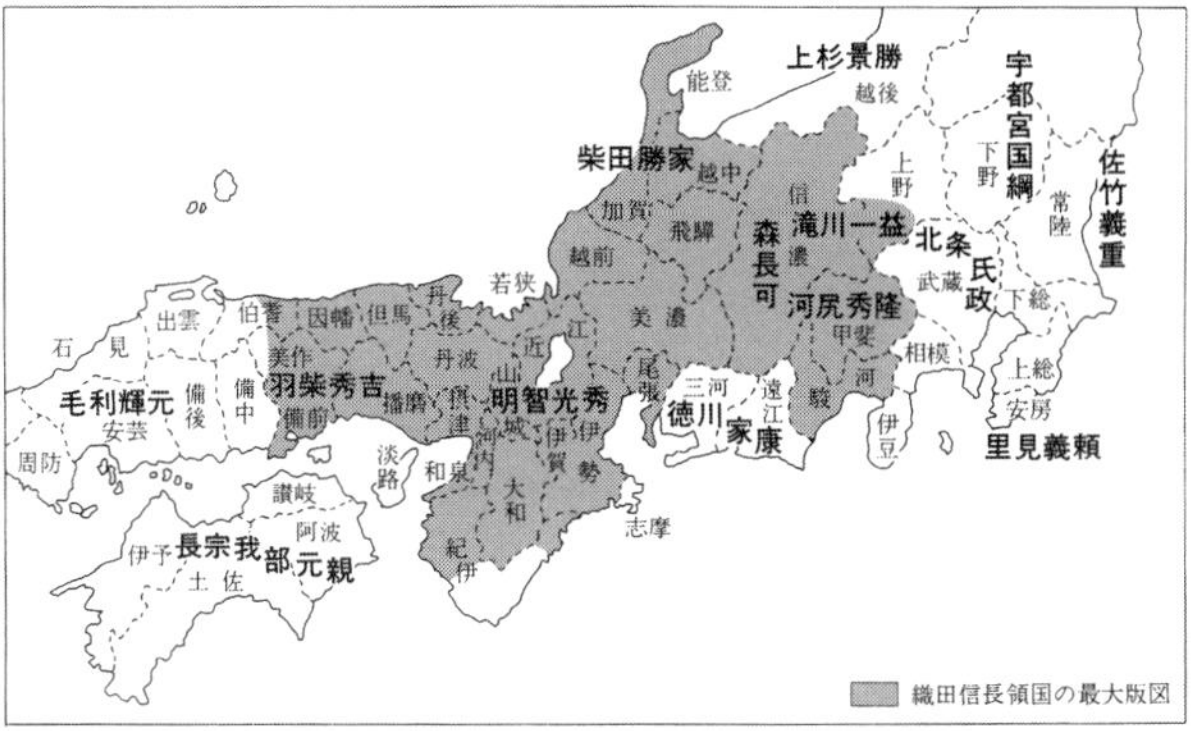

図１　本能寺の変直後の織田政権（池享「天下統一と朝鮮侵略」同編『日本の時代史 13　天下統一と朝鮮侵略』吉川弘文館、2003）

権は、元の形を取り戻せなかった。秀吉が、織田政権から自立し始めるのである。たとえば、池田恒興が美濃《みの》国に移ったことで摂津《せっつ》国を手に入れた秀吉は、八月から大坂本願寺の跡地に大坂城を建て始め、京都をその城下町に遷都しようとした（未完）。この遷都については、かつて信長が大坂から退去させた本願寺を、大坂の天満《てんま》に移転させることをカモフラージュするための、偽情報であったとの指摘もある（中村博司「「大坂遷都論」再考」『史学雑誌』一二五―十一、二〇一六）。いずれにせよ、織田氏の宿老にすぎない秀吉が、主君筋の信雄を無視して行おうとしたのだから、織田氏からの自立志向は明らかであろう。この他、宿老の長秀・恒興をはじめ、多くの織田家臣が秀吉のもとに靡《なび》きつつあった。

　そこで信雄は、徳川家康と連携して、一五八四年（天正十二）三月から尾張国《おわり》で秀吉と戦い始める。小牧・長久手の戦いと呼ばれるこの戦いは、信雄・家康側が北条氏政《ほうじょううじまさ》や長宗我部元親、秀吉が上杉景勝や毛利輝元と結んでおり、やはり広域での戦乱であった。四月に尾張国長久手で羽柴秀次《ひでつぐ》（秀吉の甥）や池田恒興らの率いる部隊が徳川隊と戦って大敗し恒興が討死するという事態はあったが、その後両軍が半年にわたって対峙したのち、十一月に信雄が秀吉に人質を出して和睦するという形で決着した。結果としては、秀吉側が勝利した戦乱であったといえる。なお、家康は和睦後もなかなか上洛して臣従しようとしなかった。そのために秀吉が再戦をほのめかすようにもなるが、一五八六年（天正十四）十月にようやく上洛・服属した。

†西日本への停戦令と国分け

秀吉は、中国地方の毛利輝元に対し、領地の境界を確定して関係を安定させていく。一方、四国の長宗我部元親に対しては、幾度か元親側から和睦の提案があったがなかなか受け付けず、一五八五年（天正十三）になってから、四国のうち土佐国《とさ》・伊予国《いよ》を元親が支配し、讃岐国《さぬき》・阿波国《あわ》は秀吉に提出するという形で決着しようとするが、伊予国を求める輝元への配慮によって破談とした。そして六・七月にかけて羽柴軍・宇喜多《うきた》軍・毛利軍を渡海させて攻撃させ、降伏した元親には土佐国のみを領有させた（平井上総『長宗我部元親・

盛親』ミネルヴァ書房、二〇一六)。

同年十月、九州で大きく勢力を広げていた島津義久《しまづよしひさ》に対して、秀吉は戦争を停止するよう命じた。その後、九州の大名たちの領国を決める国分《くにわ》けを行うが、島津氏は大友氏攻撃を続行したため、豊臣(羽柴)勢と中国・四国勢で攻撃を仕掛けた。一五八六年十二月に先遣隊の四国勢が敗れるが(戸次川《へつぎがわ》の戦い)、その後秀吉自身が率いる本隊が出兵し、一五八七年五月に島津氏を降伏させて再び国分けを行った。

この時の停戦令と、島津氏との外交交渉・戦いについて、藤木久志氏は以下のように指摘した(藤木一九八五)。実は秀吉は停戦命令を大友宗麟《おおともそうりん》にも出しており、島津氏だけではなく九州の大名全体(および毛利輝元)の停戦を目的としていた。秀吉は天皇の命令によって秀吉が諸国を静謐(平和)にしていると停戦令に記すが、これは同年七月に関白に就任したことに基づいている。そして、秀吉の国分けは、領地争いの裁定として実施された。最終的に国分けを破った島津氏を秀吉が攻撃したのは、停戦命令無視に対する強制執行であった、という。

かつては、秀吉による全国統合の過程は、軍事力をもって戦国大名を攻撃・威圧し、服属させていったものとみられていた。それに対し、後述する東日本の惣無事令《そうぶじれい》の議論とあわせて、単なる領土拡大の武力制圧ではなく、平和を命じる法・政策によって全国統合が達成されたとみるのが藤木説の画期的な点であった。藤木氏は、十二世紀のドイツのラントフリーデ（帝国平和令）に示唆を受けて、惣無事令を平和令とも呼んでいる。これは現代的意味での平和ではなく、合戦や喧嘩といった私戦（自力救済《じりききゅうさい》）の対極を意味する言葉として用いているという。

ただ、藤木氏の説へは、東日本・西日本それぞれに批判がある。ここでは西日本のものをみていこう。まず、藤田達生氏は、停戦令の前から秀吉は大友宗麟を支持していたから公正な姿勢とはいいがたく、彼は大陸進出のために九州を支配することを当初から目的としていたとする（藤田達生『日本近世国家成立史の研究』校倉書房、二〇〇一）。また、尾下成敏《おしたしげとし》氏は、停戦令は九州派兵が困難だったための代替措置で、天皇命令を強調したのは足利義昭の存在を相対化するためであったとする（尾下成敏「九州停戦命令をめぐる政治過程」『史林』九三―一、二〇一〇）。さらに、黒嶋敏《さとる》氏は、島津義久は停戦令を拒否せず臣従を申し出ていたものの、秀吉の国分けが場当たり的だったために守らなかったものとみた（黒嶋敏『秀吉の武威、信長の武威』平凡社、二〇一八）。

藤田説に対しては、島津攻めは当初からの方針ではなく流動的だったという尾下氏からの批判がある。また、尾下説については、東日本向けの停戦命令に天皇の話題が出てこないのは確かだが、後述する北条氏直《うじなお》への宣戦布告状には出てくるから、義昭対策に限定することには疑問がある。ただ、停戦令や国分け、その後の島津攻めを、公正な立場から平和を命じる法・政策とみることが難しいことは確かであろう。秀吉は、遠方の九州情勢に介入するための名目として天皇の存在や平和といったスローガンを利用したといえる。

†九州諸国の反乱

一五八七年（天正十五）の九州国分けで、秀吉は旧織田家臣佐々《さっさ》成政《なりまさ》に肥後《ひご》国を与えた。ところが、成政が国人の隈部《くまべ》親永《ちかなが》を攻撃し降伏させたことで、その子の親安《ちかやす》らが反発して一揆を起こし、成政の居城の隈本《くまもと》城を包囲する事態が起きた。秀吉は中国や九州北部の軍勢を派遣し、十二月に一揆を鎮圧する。成政は肥後を没収され、翌年切腹を命じられた。

成政による統治失敗による一揆として知られているこの事件だが、二つほど注意すべき点がある。一つは、成政が国人に領地を渡していなかったことと、検地を急いで実施したので百姓が迷惑したことが一揆の原因であると秀吉が述べていることである。後者については豊臣政権下では成政に限らず行っていたから、成政個人の失政として片付けられる問題ではない。これまでにないほど徹底した検地の実施など、豊臣政権の支配政策自体が反発を呼び、一揆が起こった側面もあるといえる。

もう一つの点は、当時の九州では、肥後国以外でも反乱が起きていたことである。尾下成敏氏の指摘によると、九州国分けの後に、豊前《ぶぜん》国の国人城井鎮房《きいしげふさ》、肥前《ひぜん》国の国人西郷信《さいごうのぶ》尚《なお》、日向《ひゅうが》国の島津家臣上原尚近《なおちか》など、九州のかなりの範囲で反乱・抵抗が起きていた（尾下成敏「豊臣政権の九州平定策をめぐって」『日本史研究』五八五、二〇一一）。反乱の理由の多くは、国分けにより転封・改易されることへの不満であった。もともと領地をめぐる抗争が起きていた地域に、他所の者が上から領地配分を決めるのだから、よほどうまくやらなければ大きな不満が生じる。豊臣政権の国分けによって、領地を失った国人がいる一方で、肥後の佐々成政、豊前の黒田孝高《よしたか》など、これまで九州に領地をもたなかった大名が入部しており、そうした点がさらなる反発を生んだのだろう。

なお、肥後以外の国々の反乱は、豊前の反乱は一五八七年末に鎮圧され、翌年には日向・肥前も鎮静化（上原尚近・西郷信尚が退去）した。一五八八年、秀吉は肥後国に直臣たちを派遣して検地を行い、同国を秀吉子飼いの小西行長《ゆきなが》と加藤清正《きよまさ》に与えた。その後も、翌年に同国天草《あまくさ》で反乱が起こり、また朝鮮侵略時の一五九二年（天正二十）には島津家臣梅《うめ》北国兼《きたくにかね》が肥後国佐敷《さしき》城で籠城するなど（梅北一揆）、豊臣政権の支配に対する抵抗は根強く残った。

豊臣政権は、一五九〇年（天正十八）三月から小田原城を包囲するとともに北条氏の支城を次々と陥落させ、やがて七月に北条氏直が降伏した。氏直は助命の上で高野山に追放となり、氏直の父氏政と叔父氏照《うじてる》および家老らが切腹することでこの戦争は終結し、東日本は豊臣政権の支配下に入った。なお、北条氏攻めには、徳川家康や織田信雄、上杉景勝、毛利輝元、宇喜多秀家、長宗我部元親など、秀吉に服属した大名の多くが動員されていた。

この東日本統合について、あらためて藤木久志氏の惣無事令の議論を紹介する。北条攻めのきっかけは、北条氏直と真田《さなだ》昌幸《まさゆき》との領地の境界を秀吉が定めたのに、一五八九年十一月に北条家臣猪俣邦憲《いのまたくにのり》が真田領の上野《こうずけ》国名胡桃《なぐるみ》城を強引に奪取したことにあった。秀吉はその数年前から、関東・東北の大名たちに惣無事＝停戦・平和を命じる文書を多く出している。藤木氏は、九州への停戦命令と同じように、秀吉が東日本全体に一斉に停戦・国分けを命じたのであり、北条攻めは国分けに背いた者への討伐だったとみて、九州と東日本の統一は共通する惣無事令に基づいていたと指摘したのである。

藤木説は、惣無事令を、関白就任によって得た領土裁判権の行使であったとし、広域を対象とする法として捉えている。それに対し、藤田達生氏は惣無事を命じた文書の様式を検討し、政権の基本法ではなかったと指摘した（藤田達生「豊臣国分と秀吉書札礼」『日本近世国家成立史の研究』校倉書房、二〇〇一、初出一九九九）。また、藤井譲治氏は、秀吉の惣無事文言を含む文書が個別の対立案件に対してバラバラに出されたことを指摘し、また真田氏・新発田《しばた》氏に対する成敗命令のように惣無事から外れる対象があったことから、広域的・持続的な惣無事令の存在を否定した（藤井讓治「「惣無事」はあれど「惣無事令」はなし」『史林』九三―三、二〇一〇）。

また、惣無事という文言は、実際には秀吉の関白就任以前から使われており、関白としての権限を論理に組み込む藤木説はこの点でも批判を受けた。竹井英文氏は織田政権から豊臣政権期にかけての中央・関東の政治情勢から、次のように整理している（竹井英文『織豊政権と東国社会』吉川弘文館、二〇一二）。まず、一五八二年（天正十）に織田政権が武田勝頼を滅ぼしたことで、関東の大名たちが政権に服属する状況が生まれ、それが惣無事と呼ばれていた。本能寺の変後、徳川家康がその関東惣無事を引き継ごうとしたが、秀吉が横から介入しようとした。そのため、家康は織田信雄と組んで秀吉と戦う（小牧・長久手の戦い）。和睦後に服属した家康に対し、秀吉はあらためて政権の命令として東日本全体の惣無事を委任した。やがて各地の大名間紛争への介入が個別に進んでいき、北条氏直も服属しようとしたが、前述のように北条氏の家臣が真田領を奪取してしまったため、秀吉は方針を転換して北条氏を攻撃する路線を取ったという。

このように、惣無事は秀吉の広域的法令ではなく、織田政権期の状況を秀吉が利用・拡大した外交政策とみられるようになった。東日本の惣無事は九州に対する停戦令とは異なる政治的経緯で登場したから、両者を完全に一体のものとして捉えることは難しいだろう。

なお、惣無事令という名称については、既述のように藤井氏の批判がある。ただ、室町幕府や戦国大名とは異なり、領国外の大名に和睦を命令し、強制力を持っていたという特徴があることから、「惣無事令」と特別な名称で呼び区別することに意味はあるとする見解もある（丸島和洋『戦国大名の「外交」』講談社、二〇一三）。

†奥羽仕置と反乱

小田原攻めの際、陸奥《むつ》・出羽《でわ》両国（東北地方）の大名たちが豊臣政権のもとに出仕し、服属した（小林清治『奥羽仕置と豊臣政権』吉川弘文館、二〇〇三）。秀吉は七月末に宇都宮、八月上旬に会津《あいづ》に移動し、出仕した大名は領地を安堵し、出仕しなかった者（参陣したが出仕を許されなかった者も含む）の領地は没収することを決める（宇都宮仕置・会津仕置）。

ここで東日本の領地配分を行い、徳川家康を東海から関東に転封（国替え）し、織田信雄を尾張・伊勢から旧徳川領に転封することを決めるが、信雄が拒否したため改易した。奥羽《おうう》に対しては、出仕しなかった大崎・葛西《かさい》両氏から没収した領地を家臣の木村吉清（清久）に与え、伊達政宗《だてまさむね》から没収した会津等を家臣蒲生氏郷《がもうじさと》に与えた。また、奥羽の大名の

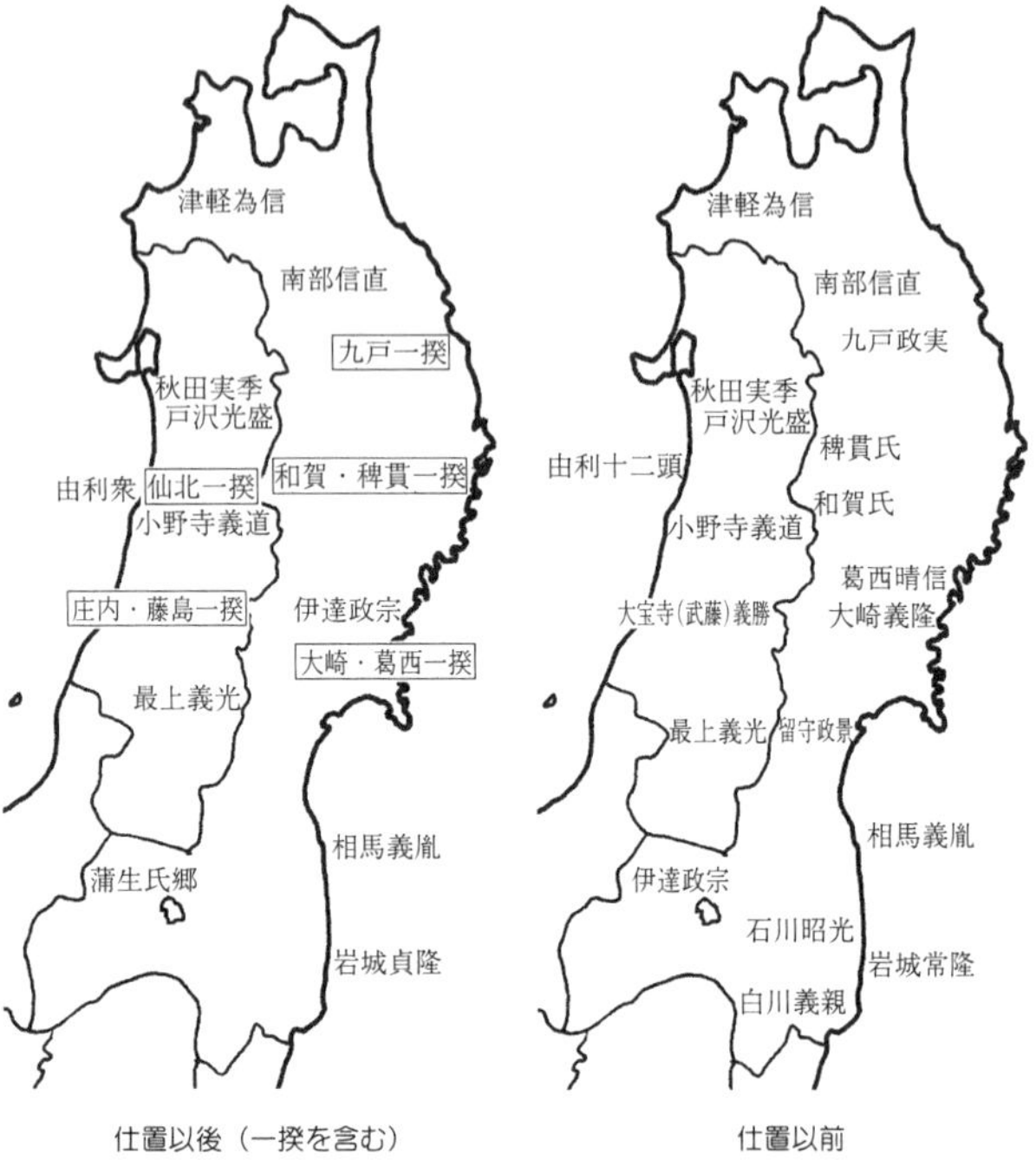

図２　奥羽仕置前後の状況（高橋充「奥羽仕置」同編『東北の中世史５　東北近世の胎動』吉川弘文館、2016）

妻子を人質として京都に差し出させて彼らを完全に豊臣政権の支配下に置こうとしたほか、検地・刀狩り・城の破却・家臣妻子の大名城下居住といった政策の実施を命じることで、家臣に対する大名の優位性の確立も同時にはかった。

秀吉は八月中旬から帰京するが、浅野長吉《ながよし》・石田三成《みつなり》・上杉景勝・前田利家《としいえ》ら多くの軍勢を残し、右の政策の実施を徹底させた（奥羽仕置《しおき》）。しかし彼らが帰国する直前あるいは帰国後である九月下旬から十月にかけて、陸奥と出羽で検地や課役・課税に反対する一揆がいくつか起こっていく。その最大のものが、先述した大崎・葛西氏の旧領（木村吉清領）での一揆である。吉清は急に大きな領地をもらったために統治に慣れておらず、伝馬《てんま》役に反対した旧大崎家臣や百姓を磔にしたり、年貢未納の百姓の妻子を人質にしたりしたため、一揆の蜂起を招いたという。徳川家康と豊臣秀次、そして秀吉自身の出陣が計画されたが中止となり、現地の伊達政宗・蒲生氏郷や、奥羽仕置で大崎・葛西領を担当していた浅野長吉が鎮圧にあたるが、後述する政宗への疑惑もあって手間取った。

これと並行して、南部《なんぶ》氏の領内の糠部《ぬかのぶ》郡でも一揆が起こっていたが、さらに翌年（一五九一年）二〜四月になると、九戸《くのへ》政実《まさざね》の乱が起こる。九戸政実は南部氏の一族であり、一五八一年（天正九）に宗家の当主である南部晴継《はるつぐ》が死去した際に政実の弟が当主になる可能性もあったが、同じく南部一族の田子《たっこ》信直《のぶなお》が継ぐことになったため、宗《そう》家に対して反抗的な姿勢を取っていた。だが、秀吉の国分けによって、政実は南部信直の家臣として位置付けられてしまう。信直への従属や、城の破却・妻子の三戸《さんのへ》（信直の居城）移住といった政策に不満が積もり、政実は反乱したものとみられている。

このように、一度は政権の支配下に入った奥羽で、一揆・反乱が多発した。あらためて対応する必要性を感じた秀吉は、一五九一年（天正十九）半ばに再度家康・秀次を中心とする軍勢を派遣する。両者は八月に陸奥国に入り、奥羽の大名たちとともに残る一揆と九戸の乱を鎮圧した。九月初頭に九戸政実は降伏して斬首され、奥羽の争乱は終わった。

†統一戦争の終焉

豊臣秀吉は、大崎・葛西一揆の原因となった木村吉清の領地を没収した。また、一揆の最中に蒲生氏郷が伊達政宗の裏切りの可能性を告発したため、政宗を上洛させて事情聴取した。政宗の疑いは晴れ、一揆鎮圧を続行したものの、結局、伊達氏は恩賞として大崎・葛西領を与えられる代わりに、本来の伊達領の多くを没収された。没収された伊達領は蒲生領に加えられており、この郡分けによって、蒲生領の大幅増と伊達領の微減という結果となった。また、前年の奥羽仕置では伊達領に検地を実施していなかったため、一揆鎮圧後に再仕置として検地や一揆地域の城破《しろわり》が行われ、あらためて豊臣政権の支配が徹底された。

以上にみてきたように、豊臣政権成立後の統一戦争は、各地の大名を服属させようとする外交施策が第一にあり、その延長線上として、必要であれば大軍を率いて戦争を行うのが基本となっていた。こうした姿勢による日本の統一を、どのように評価（平和か否か、新しいか否かなど）するかは、今後も議論が続くものと思われる。

さらに詳しく知るための参考文献

遠藤ゆり子編『東北の中世史4　伊達氏と戦国争乱』（吉川弘文館、二〇一五）／高橋充編『東北の中世史5　東北近世の胎動』（吉川弘文館、二〇一六）……多くの大名が存在し、複雑な政治過程を辿る奥羽の政治史について、地域ごとに最新の成果をもとに概説している。

堀新『日本中世の歴史7　天下統一から鎖国へ』（吉川弘文館、二〇一〇）……信長死後、羽柴秀吉の政権が成立するまでの体制を「織田体制」と位置付け、また朝廷との関係を重視しながらこの時期の政治情勢を論じている。

藤木久志『豊臣平和令と戦国社会』（東京大学出版会、一九八五）……惣無事令、刀狩令、海賊停止令、喧嘩停止令などを豊臣政権の平和令であったと指摘し、豊臣期研究に大きな影響を与えた研究書。本書を読んだ後、本文で解説した批判的論者の説にも触れておくことが重要である。

平井上総『兵農分離はあったのか』（平凡社、二〇一七）……豊臣政権は兵農分離政策によって日本全国の支配を確立したという見方がよくなされるが、それに対して疑問を唱えている。

第14講

文禄・慶長の役

津野倫明

†文禄・慶長の役とその呼称

豊臣秀吉は二度にわたり朝鮮に出兵した。一五九二年（天正《てんしょう》二十、文禄《ぶんろく》元）四月の小西行長《ゆきなが》らの釜山《ぷさん》上陸を幕開きとする第一次出兵で日本側は五月に都漢城《はんそん》を占領し、北部の平安道《ぴょんあんど》・咸鏡道《はむぎょんど》にまで進駐したが、翌年正月の平壌《ぴょんやん》の戦いで明軍に敗北したのを契機に劣勢にたたされる。そこで同年四月から行長らによる日明間の講和交渉が開始され、一五九六年九月には秀吉冊封《さくほう》も成立するが、直後に交渉は決裂した。そのため一五九七年（慶長《けいちょう》二）に第二次出兵が始まり、日本側は南部の慶尚道《きょんさんど》・全羅道《ちょるらど》に侵攻し、駐屯支配も実行する。しかし、翌年八月に秀吉が世を去ると撤兵が進められ、同年十一月の島津義弘らの釜山出帆をもって七年におよんだ戦乱は幕を閉じた。戦乱に投じられた軍役人数は第一次出兵では約十六万、第二次出兵では約十四万であり、総計でのべ約三〇万人にも達する。

この前近代日本における空前絶後の海外派兵を秀吉らは「唐入り《からいり》」「高麗陣《こうらいじん》」と称したが、今日の日本では年号にちなみ第一次出兵を文禄の役《えき》、第二次出兵を慶長の役と呼び、あわせて文禄・慶長の役あるいは朝鮮出兵や朝鮮侵略とも呼ぶ。韓国では開始時の干支にちなみ前者を壬辰倭乱《いむじんうえらん》、後者を丁酉倭乱《ちょんゆうえらん》（丁酉再乱《ちょんゆじえらん》）と呼び、あわせて壬辰倭乱とも呼んでいる。中国ではあわせて抗倭援朝《こうわえんちょう》あるいは明の年号にちなみ万暦朝鮮役《ばんれきちょうせんえき》などと呼んでいる。いずれも各国の一国史的な呼称なので、国際的名称として三国共通の干支にちなむ壬辰戦争《いむじんちょんじえん》という呼称が提唱され（鄭杜熙《ちょんどうふぃ》他編著『壬辰戦争　16世紀日・朝・中の国際戦争』明石書店、二〇〇八）、韓国や中国では普及しつつある。また、英語圏では朝鮮侵略の訳語 Japanese Invasion of Korea のほか、近年では壬辰戦争の訳語 Imjin War もみられる。本講では、高校教科書も採用する文禄・慶長の役あるいは略称としての役を用いる。

役の実証的研究は戦前より蓄積されてきたし（池内宏『文禄慶長の役　正編第一』吉川弘文館、一九八七、初出一九一四など）、「豊臣政権の全過程は、太閤検地と朝鮮出兵という二本の糸が絡み合って展開した、稀にみる大きな歴史的変革期」との名言さえある（三鬼清一郎二〇一二a）。だが、「一国史的な豊臣政権論の添え物の位置」におかれがちであった（藤木久志「海の平和＝海賊停止令」同『豊臣平和令と戦国社会』東京大学出版会、一九八五）。役研究は着実に進展し続けているが、依然、「添え物」と思わせる論考は散見する。

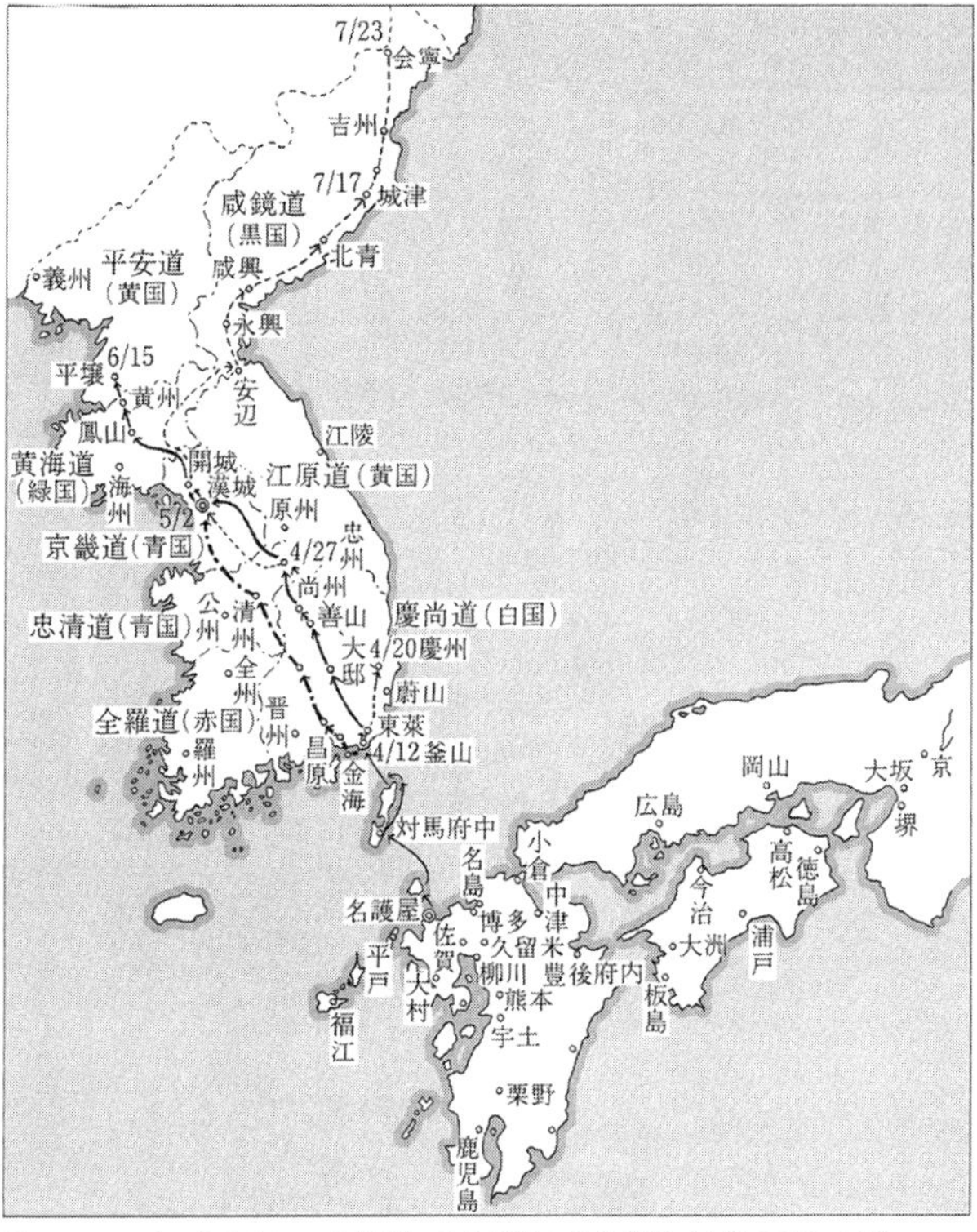

図1　1592年(天正20、文禄元)の日本軍の侵攻状況(中野2008より)
図中の矢印は日本勢の侵攻状況を示している。←──は小西行長らの軍勢、←‐‐‐‐は加藤清正らの軍勢、←‐・‐は黒田長政らの軍勢。各道名に付された(　)内は日本側が用いた名称。

†十六世紀の東アジア情勢

役がおこった十六世紀の東アジア情勢を概観しておこう（村井章介・橋本雄「遣明船の歴史――日明関係史概説」村井他編『日明関係史研究入門――アジアのなかの遣明船』勉誠出版、二〇一五など）。前近代の東アジアでは、中国の皇帝が周辺諸国のリーダーに爵位等を授けて臣下とする冊封により宗主国―藩属国《はんぞくこく》の関係を結ぶ、中国中心の国際秩序いわゆる冊封体制が形成されていた。明の役参戦には宗主国として藩属国朝鮮を救援する意味があった。朝鮮半島諸国は冊封を通則としたが、日本の場合は中国対等・朝鮮下位という観念があり、五世紀の倭王武《ぶ》以来、十五世紀初めの足利義満《あしかがよしみつ》まで冊封は確認されない。

義満受封の理由を看破《かんぱ》したのは桜井英治である。桜井は「日明貿易への関心から明の冊封を受けたと考えるのが自然だろう」、朝貢形式以外の貿易を認めない朝貢一元体制のもとで「貿易を望むなら、義満がとった手段以外にはありえなかった」と断じた（桜井「室町殿と守護大名」五味文彦編『大学の日本史2　中世』山川出版社、二〇一六、初出一九九八）。巨万の富を生む日明貿易は双方の使者の証明手段に勘合《かんごう》が使われたので勘合貿易といい、のち秀吉が移住を計画する寧波《にんぽー》に出入した貿易船は勘合船という。勘合船の経営者は室町将軍・寺院・有力守護などであったが、一五二三年（大永《だいえい》三）の寧波の乱後は守護大内氏が独占する。その大内氏が十六世紀半ばに滅亡し、勘合貿易は廃絶してしまった。

ところが、この頃東シナ海の物流はむしろ拡大しており、明の王直《おうちょく》ら後期倭寇《わこう》が密貿易で活動していた。後期倭寇は首領も構成員の多くも明人であり、十六世紀半ばに最盛期をむかえる。十六世紀はポルトガルとスペインが先導する大航海時代であった。前者は一五一〇年にインドのゴアを拠点とし、明沿岸に定住した同国商人は日本銀を明に、明産の生糸・絹織物を日本にもたらした。これが勘合貿易にとってかわった南蛮貿易である。一方、後者は一五七一年にフィリピンのマニラを拠点とし、貿易に参入する。当時明の銀需要は増大していたため、後者の勢力が運ぶメキシコ銀もマニラ経由で明に流入した。東アジアの海も大航海時代に突入し、新規の諸貿易は朝貢一元体制をないがしろにし、中国中心の国際秩序である冊封体制は弛緩《しかん》していった。こうした東アジア情勢と一五九〇年の日本統一という条件のもとで役はおこったのであり（北島万次一九九〇）、秀吉は役前・役中に朝鮮・琉球・高山国《こうざんこく》（台湾）のみならずゴア・マニラにも服属や交易を要求した。

†変遷した文禄・慶長の役の目的

秀吉による明征服の初の意志表明は、一五八五年九月三日付一柳直末《ひとつやなぎなおすえ》宛朱印状の「唐《から》国《くに》まで仰せ付けられ候心に候か」とされてきた（岩澤愿彦《よしひこ》「秀吉の唐入りに関する文書」三鬼清一郎編『戦国大名論集18　豊臣政権の研究』吉川弘文館、一九八四、初出一九六二）。しかし、右の文言の意は「唐国だって任せてくれる」であり、意志表明ではなく、大幅加増にもかかわらず秀吉直轄領も望んだ加藤光泰《みつやす》のうぬぼれを強調した技巧とみる新説が提示された（鴨川達夫「秀吉は「唐入り」を言明したか」東京大学史料編纂所編『日本史の森をゆく』中央公論新社、二〇一四）。堀新は「唐国すら（秀吉が）支配する」の意であると新説を批判しつつも、明確な意志表明は一五八六年以降とする（堀「豊臣秀吉の「唐入り」構想――その成立・表明と現実化」『立正史学』一二五、二〇一九）。この場合、同年三月十六日に「朝鮮とシナを征服する」決心と自身の渡海をイエズス会士に語ったのがその初であり、大名へのそれは同年四月十日付毛利《もうり》輝元《てるもと》宛朱印状の「高麗　御渡海《ごとかい》の事」である。秀吉は日本統一の四年前、役の六年前に明征服の意志を表明していたことになる。

　朝鮮下位の観念にもよるのであろう、秀吉は一五八七年から朝鮮に服属を要求する。三年後、日本統一を賀す朝鮮使節が来日した。秀吉はこの来日により朝鮮は服属したと誤解し、朝鮮国王宛の国書で征明嚮導《せいみんきょうどう》（明征服の先導をつとめること）を要求した。実際は行長らが要求を仮道《かどう》（途）入明《にゅうみん》（明侵攻の道を日本にかすこと）にかえて交渉にあたるも、不調におわり役がおこる。朝鮮服属という「秀吉の大誤解」は役中もとけることはなかった（徳富猪一郎『近世日本国民史　豊臣氏時代丁篇　朝鮮役　上巻』民友社、一九三五）。

この誤解を重視して役の目的の変遷を論じたのが中野等である。中野は「本来は東アジアの盟主たる明帝国の打倒を目的とした」「目的は当初からあくまで征明」と明言し、役を「大陸侵攻」と称した。また、慶長の役に関しては明征服の意図は大きく後退し、「朝鮮侵略」を主眼にした戦争と位置付けているように、役は「徐々にその意味合いを変化させていく」と主張した（中野二〇〇六）。こうした変遷論は説得的である。なぜなら、諸大名の軍事行動を検討すると、慶長の役は「朝鮮侵略」を主眼にした戦争と判断されるからである（津野「丁酉再乱時の日本の目的と日本側の軍事行動」『韓日関係史研究』五七、二〇一七）。実際、秀吉は同役当初の一五九七年二月にまず全羅道を征圧し、忠清道《ちゅんちょんど》などについては可能な範囲で侵攻するよう命じた（慶尚道は掌握済みと認識していた）。戦争には二種があるとされ、「第一は、敵の完全な打倒を目的とする戦争」、「第二は、敵国の国境付近において敵国土の幾許かを略取しようとする戦争」である（クラウゼヴィッツ著・篠田英雄訳『戦争論（上）』岩波書店、一九六八）。明征服を目的とする文禄の役は第一の戦争、朝鮮南部の征服を目的とする慶長の役は第二の戦争といえよう（津野二〇一四）。

高校教科書などには慶長の役で日本側は苦戦して朝鮮南部の占領のみにとどまったという説明もあるが、そもそも目的は朝鮮南部の征服であり、駐屯支配も観察される。さらに、同役当初に秀吉が明征服も「案《あん》の内《うち》に候」つまり「思いのまま」と壮語したように究極の目的はなおも明征服であり、一五九八年五月までは翌年の派兵計画が堅持されていた。秀吉は、干支にちなめば己亥《きへ》再々乱《ちえぢえらん》ともいうべき事態も惹起しかねなかった（津野二〇一七）。

文禄・慶長の役の目的が明征服であったのはまちがいない。ただし、なぜ明征服が目的なのかという問題に関しては領土拡張、豊臣政権の維持、秀吉の誇大妄想、国際（海域）秩序の確立、惣無事令《そうぶじれい》の展開、勘合貿易復活、朝鮮征伐、秀吉の功名心等々の諸説が提示されてきた。以下、三国国割《さんごくくにわり》計画や講和交渉を説明しつつ、右の諸説と新説に言及したい。

†三国国割計画

一五九二年五月、漢城陥落を知った秀吉は次の三国国割計画をたてる。明も征服して翌年には豊臣秀次を明の関白、羽柴秀保《はしばひでやす》か宇喜多秀家《うきたひでいえ》を日本の関白とし、朝鮮には秀家か羽柴秀勝《ひでかつ》を配する。秀吉自身は北京に移り、のち天竺《てんじく》（インド）征服のために寧波に移住する。後陽成《ごようぜい》天皇を北京に移し、皇太子か皇弟を日本の天皇とする。同時に諸大名の十〜二十倍の加増も表明された。当時鍋島氏などは大幅加増をともなう明への転封を望んでおり、先の光泰の望みも示すように大名間には領土獲得の意欲がみなぎっていた。この意欲と加増の表明は、明征服の動機を領土拡張や豊臣政権の維持とみる学説の有力な証拠となる。

右の壮大な計画は誇大妄想を思わせるが、「真面目」に考えられていた（三鬼二〇一二a）。

秀吉の意図は中華皇帝後陽成と日本の天皇の権威を背景に「秀吉が実質的に全世界を支配する体制」の構築であったろう（三鬼二〇一二b）。秀吉は自身が認知する世界の支配者になろうとしたのであり、「東アジアに一大帝国を築く」ことで「倭寇的状況に覆われた東アジア」の国際（海域）秩序の再建を企図したともみられている（池享「天下統一と朝鮮侵略」同編『日本の時代史13　天下統一と朝鮮侵略』吉川弘文館、二〇〇三）。最近、平川新は天竺征服計画やマニラへの服属要求に着眼して新説を唱えた。秀吉の目論見は「スペインと対抗し、アジアを日本の版図」とすること、「世界の植民地化をめざすスペインに対する東洋からの反抗と挑戦」であり、役でみせた軍事力が日本征服を断念させ、植民地化を防いだという（平川『戦国日本と大航海時代』中央公論新社、二〇一八）。

†講和交渉の諸条件

講和交渉は一五九三年四月より開始され、六月に秀吉は明の「侘言《わびごと》」つまり謝罪を前提に、「勘合貿易」の復活や朝鮮北四道還付とひきかえの朝鮮王子来日などを条件として提示した。後者の条件や役前からの朝鮮への服属要求に着目し、朝鮮は国内同様に惣無事令の対象であり、役は同令を拒否した朝鮮への制裁とする学説もあった（藤木前掲〔一九八五〕）。しかし、高校教科書などにも登場する同令の存在は最近では疑問視されている（藤井讓治「「惣無事」はあれど「惣無事令」はなし」『史林』九三―三、二〇一〇、本書第13講)。

右の条件は明には届かず、沈惟敬《しんいけい》と交渉した行長ら偽造の秀吉の降伏文が届けられた結果、明は日本軍撤退や「許封不許貢《きよほうふきよこう》」(冊封は認めるが、通商は認めない)を条件として提示し、一五九五年正月冊封使を派遣した。一方、同年五月、秀吉は行長らに条件として①明皇帝の命により朝鮮を赦すので朝鮮王子は来日して秀吉に従属すること――この場合、朝鮮南四道を王子に与える――、②惟敬と王子が慶尚道熊川《うんちょん》に到着すれば倭城《わじょう》十を破却すること(倭城についてはコラム参照)、③「大明勅使《だいみんちょくし》」が来日すれば「勘合貿易」を復活することを提示した。交渉の顚末《てんまつ》は、明の「佗言」や秀吉の降伏文そして後述のような秀吉の激怒による破綻が物語るように、偽りの外交にほかならなかった(北島二〇〇九)。

一五九三年六月の講和条件や③のように、秀吉は「勘合貿易」復活を望んだ。早くに前者に注目して役の原因を復活交渉とみたのは辻善之助「江戸時代初期に於ける朝鮮との修交 附豊太閤《ほうたいこう》の朝鮮及び支那征伐の原因について」(『歴史地理』朝鮮号、一九一〇)であり、朝鮮が斡旋を拒否したため開戦したと説き、表題が示すように朝鮮征伐論にもなっている。同意見の研究者もいたが、田保橋潔《たぼはしきよし》は、復活要求は秀吉が講和交渉で突如提示したのであり、それは文禄の役で明征服を困難と判断し、日明関係の通例化を前提にしていたと批判した(田保橋「壬辰役雑考(第一回)」『青丘学叢』一四、一九三三)。この論争は深刻な過誤を孕《はら》んでいた。秀吉は官船・商船が往来する貿易の一形式を「勘合貿易」と理解していたらしく（田中健夫「勘合符・勘合印・勘合貿易」同『対外関係と文化交流』思文閣出版、一九八二、初出一九八一）、これは本来の勘合貿易ではなかったからである。

秀吉による役前の島津氏を介した「勘合貿易」復活の画策などに着目し、復活交渉を役の原因とみる研究は最近も少なくない。しかし、つとに三鬼が「勘合貿易振興説と対外領土拡張説」を二者択一の次元で論じてきた研究史を問題視し、秀吉外交の基調は明征服であり、「勘合貿易」を含む講和交渉は秀吉が「佗言」を前提としたように勝利を確信していたからこそ可能になったと喝破《かつぱ》している（三鬼二〇一二b）。かつて勘合船が出入りした寧波への移住計画からすると復活交渉も役の一因であろうが、征明嚮導を要求した国書には勘合への言及は一切ないので、役の主因はやはり領土拡張とみてよいであろう。

なお、右の国書の「只佳名《ただかめい》を三国に顕《あらわ》さんのみ」という文言に注目し、秀吉の功名心を役の原因とみる見解や（池内前掲〔一九八七〕）、功名心より承認願望と表現すべきとの見解もある（米谷均「文禄・慶長の役／壬辰戦争の原因　実像編」堀新他編『秀吉の虚像と実像』笠間書院、二〇一六）。これらが正しいならば、朝鮮にとっては迷惑千万な話である。

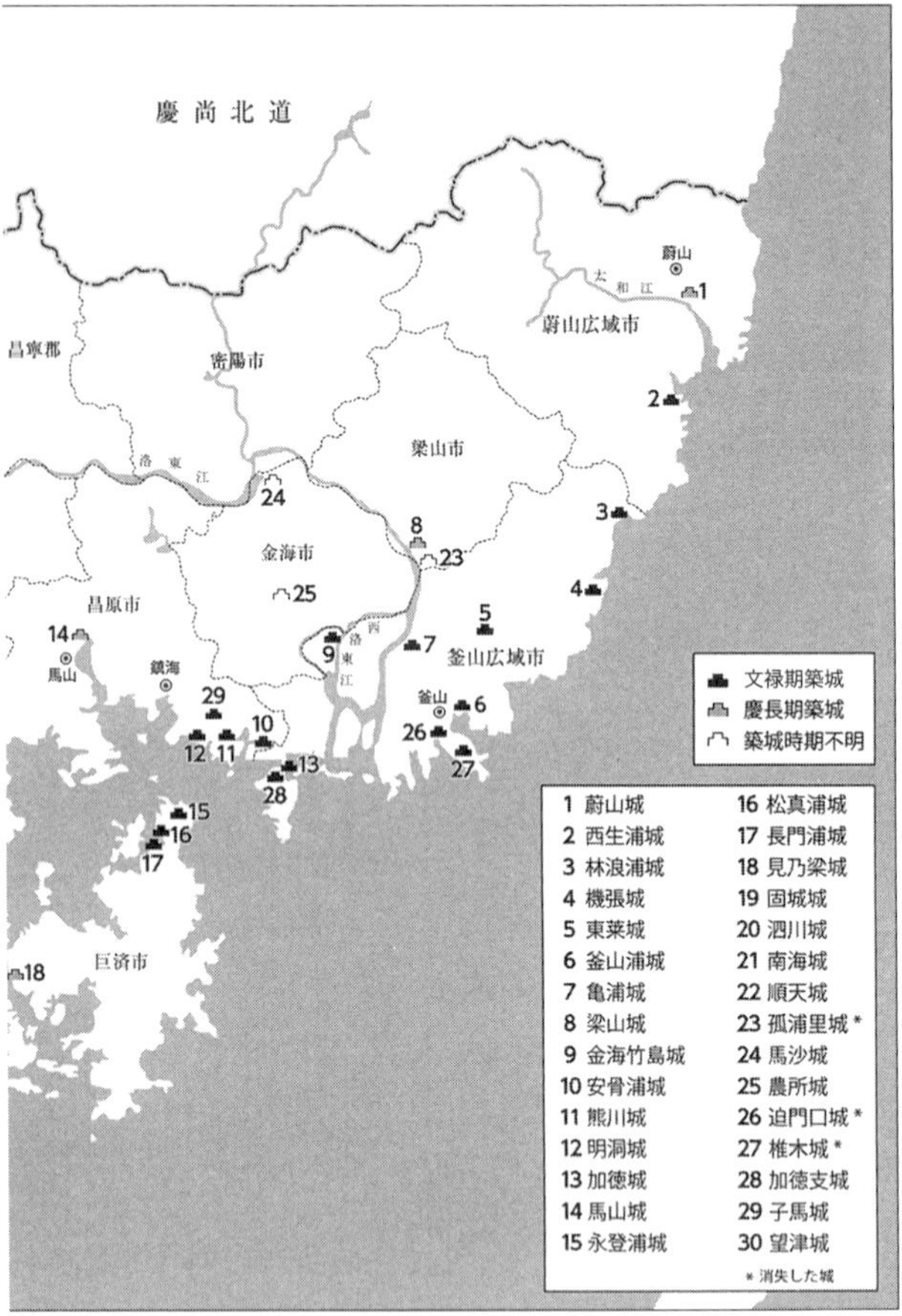

慶尚北道
蔚山
太和江
蔚山広域市
昌寧郡
密陽市
梁山市
洛東江
金海市
昌原市
馬山
鎮海
西洛東江
釜山
釜山広域市
巨済市
文禄期築城
慶長期築城
築城時期不明
1 蔚山城
2 西生浦城
3 林浪浦城
4 機張城
5 東莱城
6 釜山浦城
7 亀浦城
8 梁山城
9 金海竹島城
10 安骨浦城
11 熊川城
12 明洞城
13 加徳城
14 馬山城
15 永登浦城
16 松真浦城
17 長門浦城
18 見乃梁城
19 固城城
20 泗川城
21 南海城
22 順天城
23 孤浦里城＊
24 馬沙城
25 農所城
26 迫門口城＊
27 椎木城＊
28 加徳支城
29 子馬城
30 望津城
＊消失した城

図２　倭城一覧（織豊期城郭研究会編 2014 より）

†秀吉の「日本国王」冊封と講和交渉の破綻

「日本国王」に封じる内容に怒った秀吉が冊封文を破り棄てたという説明には近年も接するが、徳富猪《とくとみい》一郎《いちろう》が確言したように『日本外史《にほんがいし》』など江戸時代の書物により流布した誤説である（徳富『近世日本国民史　豊臣氏時代己篇　朝鮮役　下巻』民友社、一九三五）。今日の学界では、一五九六年九月一日の大坂城における冊封成立は共通理解となっている。

文禄の役の戦況や「勘合貿易」復活に着目すると、次のような秀吉受封の事情が推定される（津野二〇一四）。田保橋が説くように秀吉は明征服を困難と判断したようであり、中野もまた秀吉は明との講和は望んでいたとみている（中野二〇〇六）。講和の前提は「侘言」なので冊封成立は奇妙ではある。しかし、外交儀礼は双方の解釈により「自国なりの思惑を貫くことさえ」可能であり、義満も受封儀礼の尊大さからして明の権威に服していなかった（橋本雄「室町殿の《中華幻想》――足利義満・義持期を中心に」同『中華幻想――唐物と外交の室町時代史』勉誠出版、二〇一一）。秀吉受封は冊封使と対等の形式であったようなので（米谷均「豊臣秀吉の「日本国王」冊封の意義」山本博文他編『豊臣政権の正体』柏書房、二〇一四）、秀吉は降伏使節とする解釈を付与し、講和成立のために受封したのではないか。また、「許封不許貢」が条件だから本来の勘合貿易の復活はありえないが、巨万の富を生む「勘合貿易」は実現するとの思惑が秀吉にはあったのではないか。

ところが、交渉は破綻した。以下のような経緯の説明がある（中野二〇〇六）。受封後、冊封使が秀吉派遣の僧らに倭城の完全破却と軍勢撤退などを要求する書翰《しょかん》を渡し、これを知り秀吉は激怒した。講和の前提は「侘言」なので領土割譲を実現する必要があり、条件①の名目だけの領土でもかまわなかったが、明はそれすら許容しなかった。秀吉は明とは講和し、朝鮮とのみ戦争を継続して領土を確保すべく画策を続けたらしい。しかし、結局、秀吉は王子不参を講和不成立の主因として交渉破綻の責を朝鮮に押しつけて再派兵を命じた。王子不参を不成立の真因とみる説もあるが（跡部信《あとべまこと》「豊臣政権の対外構想と秩序観」同『豊臣政権の権力構造と天皇』戎光祥出版、二〇一六、初出二〇一一）、慶長の役は第二の戦争になったのだから、真因は領土割譲の問題に求められよう（津野二〇一四）。

†文禄・慶長の役の遺産

役では日本軍による殺戮《さつりく》・略奪・連行が横行し（藤木一九七五、二〇〇五）、秀吉自身も「縫官《ぬいかん》」らの送致を命じた（中野二〇〇六）。数万とみられる日本に連行された人々は売買もされ、多くが冷遇された（内藤雋輔「壬辰・丁酉役における被擄朝鮮人の刷還問題について――朝鮮史料による」同『文禄・慶長役における被擄人の研究』東京大学出版会、一九七六）。惨状といえば、慶長の役の鼻切りである。諸将は戦功の証として鼻を切り集め、鼻を査収した軍目付は鼻《はな》請取状《うけとりじょう》を発給した。確認される受給者は黒田長政ら四将のみにもかかわらず、記載鼻数は計二万九千余にもおよぶ（津野「黒田長政宛鼻請取状について」『人文科学研究』一七、二〇一一）。役は甚大な戦禍とともに負の記憶を残した。

よく、膨大な戦力を無駄に費やした役は豊臣政権の崩壊を導いたと説明される。大名らが疲弊したのは事実である。しかし、石高《こくだか》に基づいて軍役人数を大名に課す軍役体系は文禄の役時に確立したのであり（三鬼二〇一二c）、むしろ政権の軍事動員力は役が梃子《てこ》となり強化されたとみられる。崩壊の要因は秀吉死後の権力闘争に求めるべきであろう。

十七世紀前半に視野を広げると、役時の軍費調達・連行・物資輸送は「革命的変化」をもたらしたといえる（村井・橋本前掲〔二〇一五〕）。それは世界銀生産の三分の一を占めるまでの銀増産、陶磁器生産の定着、本州を周回する廻船路の整備である。ただ、有田焼は連行後に流民化した人々が既存の朝鮮人陶工集団に合流して始まったらしく（小宮木代良「「陶祖」言説の歴史的前提」北島他編著二〇〇九）、陶磁器生産の誕生譚は検討を要する。

先の平川説を傾聴すると、役は日本がスペインに与えた衝撃であり（津野二〇一四）、植民地化を防いだともみられる。そうなら、役は莫大な遺産を残したことになる。こうした世界史的視点からの評価が定着してゆけば、汚名「添え物」は払拭されるかもしれない。

さらに詳しく知るための参考文献

北島万次『秀吉の朝鮮侵略と民衆』（岩波書店、二〇一二）……役の概略を説明し、李舜臣《いすんしん》『乱中日記』を通して朝鮮水軍を支えた人々の実態に迫った新書。本講でも依拠した「豊臣政権の朝鮮侵略に関する学説史的検討」などを収録する同『豊臣政権の対外認識と朝鮮侵略』（校倉書房、一九九〇）や講和交渉を詳述した「壬辰倭乱における二つの和議条件とその風聞」（同他編著『日朝交流と相克の歴史』校倉書房、二〇〇九）もすすめたい。

津野倫明「朝鮮出兵の原因・目的・影響に関する覚書」（高橋典幸編『生活と文化の歴史学5　戦争と平和』竹林舎、二〇一四）……役の原因・目的に関する学説史的な検討であり、本講で割愛した学説にも言及する論考。なお、この論考における、学説史上のプライオリティーにかかわる過誤などを本講では修正している。

中野等『戦争の日本史16　文禄・慶長の役』（吉川弘文館、二〇〇八）……役研究の牽引者が役を体系的に叙述した秀逸の概説書。同書の前提をなす同『秀吉の軍令と大陸侵攻』（吉川弘文館、二〇〇六）は秀吉の軍令を「基準」とした役の戦争史叙述であり、軍令の読下文が豊富に掲載され、研究史も整理されているので併読したい。

藤木久志『新版　雑兵たちの戦場　中世の傭兵と奴隷狩り』（朝日新聞社、二〇〇五）……戦国期の合戦を「食うための戦争」と評した話題作。「秀吉の平和」は日本統一の過程で「巨大な濫妨エネルギー」に、新たなはけ口を与えることで実現」していたため、「国内の戦場を国外（朝鮮）に持ち出すこと」で「日本の平和と統一権力を保つことができた」という役の原因を豊臣政権の維持に求める見解を示す。

また、同『日本の歴史15　織田・豊臣政権』（小学館、一九七五、のち改題して文庫化『天下統一と朝

鮮侵略　織田・豊臣政権の実像』講談社学術文庫、二〇〇五）は朝鮮の惨状を克明に描く名著。
三鬼清一郎『豊臣政権の法と朝鮮出兵』（青史出版、二〇一二）……本講で言及した二〇一二a「太閤検地と朝鮮出兵」（初出一九七五）、二〇一二b「関白外交体制の特質をめぐって」（初出一九八七）、二〇一二c「朝鮮出兵における軍役体系について」（初出一九六六）を収録する研究書。同『織豊期の国家と秩序』（青史出版、二〇一二）とともに豊臣政権論を学ぶうえでの必読書。

コラム2 招かれざる客が残した負の遺産——倭城

津野倫明

第14講で説明したように、日本側は一五九三年（文禄《ぶんろく》二）正月の平壌《ぴょんやん》の戦いにおける敗北を契機に劣勢にたたされた。同年四月に諸将は都漢城《はんそん》から撤退し、この頃から秀吉の命により朝鮮半島南岸部の在番体制を整備するために「御仕置《おしおき》の城」が築城されていった。上陸地釜山《ぶさん》―都漢城―平壌間などの補給路を確保するための「伝《つた》いの城」、秀吉渡海に備えて築かれた「御座所《ござしょ》」、そして「御仕置の城」などとにかく日本側が築城した城郭が「広義の倭城《わじょう》」である。一方、漢城撤退以降に築城された「御仕置の城」が「狭義の倭城」であり、一般に倭城といえば、こちらを指す。「狭義の倭城」は文禄の役《えき》では十九城、慶長《けいちょう》の役では八城が築かれ、築城時期が不明の二城を加えると、計約三十城になる。

西生浦《そせんぽ》や熊川《うんちょん》の倭城跡は是非とも訪ねてみたい史跡である。これらの登り石垣をはじめとする偉容は文禄・慶長の役に投入された日本側の軍事力を如実に示している。また、城郭史研究の観点からすると、十六世紀の末に築城されたことが確実な倭城にはいわば標準化石としての意義がある。ただし、壬辰倭乱《いむじんうえらん》そして倭城の「倭」が示すように、倭城跡は招かれざる客が残していった負の遺産である。この事実を銘記したうえで、見学を経験してもらいたい。なお、現地では倭城跡は意外と知られていないので、事前準備が必要である。ここではガイドブックの好例として、第14講で掲げた「倭城一覧」（図2）や縄張図《なわばりず》も掲載する織豊期城郭研究会編『倭城を歩く』（サンライズ出版、二〇一四）を紹介しておく。

第15講

総論

高橋典幸

†戦乱の時代

第1講の保元《ほうげん》・平治《へいじ》の乱から第14講の文禄《ぶんろく》・慶長《けいちょう》の役《えき》まで、「政治権力をめぐる戦い」を中心に、中世の戦乱をみてきた。保元の乱は十二世紀なかば、文禄・慶長の役は十六世紀末のできごとであり、それぞれ中世のはじまりと中世のおわりの時期に対応している。政治権力をめぐって武力をともなう争いが発生するのは、古今東西ひろくみられるところであるが、日本中世では絶え間なく戦乱がくり広げられていたことがうかがえよう。まさに中世は戦乱の時代だったのである。

この戦乱の時代の主役は武士であった。そうした意味で、やはり保元・平治の乱は中世の幕開けを告げる事件といえよう。第1講で述べられているように、保元・平治の乱は皇位継承問題や摂関家《せっかんけ》内部の対立、あるいは院近臣《いんのきんしん》間の争いなど、朝廷・貴族社会における政治権力をめぐる争いであったが、平清盛《たいらのきよもり》や源義朝《みなもとのよしとも》らの武士は、そうした争いに軍事的な決着をつける役割を果たした。さらに乱後に平清盛が勢力を伸ばし、政治の実権を握るようになると、今度は武士も政治権力をめぐる争いに加わるようになる。それが治承《じしよう》・寿永《じゆえい》の乱であり、その結果、武士による政治権力・鎌倉幕府《かまくらばくふ》が生み出された。そして承久《じようきゆう》の乱・南北朝の内乱を経て、以後は武士どうしが政治権力をめぐって争うようになる。

こうした武士による戦乱の時代のゆくえも気になるところであるが、この点についてはのちにあらためてふれることにして、中世の戦乱を概観してもう一つ気が付くのは、しばしばそれは全国規模の内乱に発展していることである。まず治承・寿永の乱は、源頼朝《みなもとのよりとも》と平氏との戦いを軸にしながらも、その戦火は関東から九州の各地に及んでいる。次に南北朝の内乱であるが、戦火の及んだ範囲はさらに拡大し、北関東から南九州まで、文字どおり日本列島全域で戦いがくり広げられている。さらに南北朝の内乱は空間のみならず、時間的にも約六十年という長期に及んでいる。この戦乱の一方の主役である室町将軍に即していえば、足利尊氏《あしかがたかうじ》・義詮《よしあきら》・義満《よしみつ》の親・子・孫三代にわたって戦いが続いたことになる。また治承・寿永の乱や南北朝の内乱に比べれば、応仁《おうにん》の乱そのものはもっぱら京都を舞台とした局地戦であったが、これに続く戦国時代まで視野に入れれば、より長期におよぶ内乱の幕開けであったとみることができよう。

このように中世の戦乱がしばしば全国規模の内乱に発展したのはなぜであろうか。一つには、中世が武士の時代であったことと関係しよう。ただ、それだけを理由とすることはできない。中世と同じく、近世も武士を主役とする時代であったが、こちらは対照的にほとんど戦乱が起こっていないのである。

なぜ中世が戦乱の時代であり、全国規模の内乱が頻発したか、その理由をさぐるため、あらためて中世の戦乱の実態にせまってみよう。

†戦乱の実態

鎌倉幕府の地頭《じとう》制について、従来は、治承・寿永の乱の結果、全国支配の覇権を握った幕府に対して、朝廷が許可した制度と考えられてきたが、近年、そうした見方は再検討されつつある。その第一人者である川合康氏によって紹介された次の事例は、地頭制の起源や実態をよく示している（川合一九九六／二〇一〇）。

伊豆の武士宇佐美《うさみ》祐茂《すけもち》は源頼朝の挙兵に従って以来、各地の戦いに従軍していたが、一一八五年（文治《ぶんじ》元）末から翌年二月のはじめにかけて、祐茂の家人が伊勢国河田別所梘本御園《かわだのべっしよつきもとのみその》（現在の三重県多気《たき》郡多気町）に乱入して訴えられるという事件が起きている。実は梘本御園の領主行恵《ぎようえ》の父は平氏の有力家人河田入道 平 貞正《たいらのさだまさ》であり、貞正の私領については宇佐美祐茂に知行を認める幕府の文書が出されていた。平氏関係者の所領は頼朝によって没収され、それが源氏方の武士に恩賞として与えられていたのである。このように敵方の所領を没収し、味方の武士に与える点に地頭制の起源があったのである。

さらに注目されるのは、祐茂の家人は右の文書に「（宇佐美祐茂に）河田入道私領の知行を認める」とあったものを「河田入道『子息』私領の知行を認める」と勝手に書き加えて、貞正の息子行恵の所領まで手に入れようとしていたのである（結局、行恵の訴えにより祐茂家人の不正が発覚し、槻本御園は行恵に返還されて、この事件は解決している）。すなわち幕府のお墨付きを受けた体裁を装って、槻本御園に乱入していたことである。

この事例からは、宇佐美祐茂ら武士たちは治承・寿永の乱に加わることによって地頭職という地位・権利を獲得していること、さらにその権利を拡張する可能性すらあったことがうかがえよう。武士たちにとって治承・寿永の乱は、源氏と平氏の政治権力をめぐる争いである以上に、（合法・非合法含めて）自分たちの権利を獲得する絶好の機会でもあったのである。

もちろん権利は獲得するだけのものではなく、守らなければならないものでもあった。遠江国《とおとうみ》（現在の静岡県）出身の御家人相良《さがら》氏は、鎌倉時代のはじめに肥後国《ひご》人吉荘《ひとよしのしょう》（現在の熊本県人吉市）の地頭職を与えられていたが、鎌倉時代のなかばに、一族間の紛争により北方半分が没収され、北条氏《ほうじょう》の所領となってしまっていた。そのため相良氏にとっては人吉荘北方回復が宿願であったが、北条氏が健在なうちはなかなか実現できなかった。ところが、鎌倉幕府が倒れ、北条氏が滅亡すると、絶好の機会がおとずれる。南北朝の内乱が始まると、相良長氏《さがらながうじ》は武家方に加わり戦功をあげ、その恩賞として人吉荘北方を求め、ついに一三三八年（暦応《りやくおう》元）八月、北方を回復するに至ったのである。

このように南北朝の内乱では権利を回復する・守るために戦いに身を投じていった武士が少なくない。また南北朝の内乱では一族が南朝方・北朝方に分かれて争うこともしばしばであったが、これも彼らにとって内乱の実態は、一族内での権利をめぐる戦いであったことを示している。

中世の戦乱がしばしば全国に及ぶ内乱に発展した理由は、こうした権利をめぐる戦いにあったと考えられる。源氏と平氏の争い、あるいは南朝と北朝との争いといった政治権力をめぐる戦いは、各地の武士たちのさまざまな権利をめぐる戦いと結びつくことによって、全国的な内乱に拡大していったのである。武士たちは頼朝の政治姿勢や、南朝もしくは北朝の正統性に共鳴して、戦いに加わっていったわけではないのである。

事情は戦国時代も同じである。戦国大名たちは必ずしも天下統一、政治権力をめざして戦っていたわけではない。第11講でふれられているように、彼らの戦いの多くは「国郡《こくぐん》

図１　用水争いをする農民たち（『地蔵菩薩霊験絵巻』フリーア美術館）

境目相論《さかいめそうろん》」、すなわち領土の境界をめぐる争いであり、それは領土というそれぞれの権利をめぐる戦いであった。

権利をめぐる戦い

中世の戦乱の背後には武士たちの権利をめぐる戦いがあったことをみてきたが、権利をめぐる戦いにはさらに深い根があった。

紀伊《きい》国名《な》手荘《でのしょう》と丹生屋《にゅうのや》村《むら》（現在の和歌山県紀の川市）は名手川をはさんで東西に隣接していたが、その境界と用水をめぐってしばしば紛争を起こしており、一二四一年（仁治《にんじ》二）と一二五二年（建長《けんちょう》四）に名手荘側は実力行使に及んでいる。すなわち名手荘の沙汰人《さたにん》・百《ひゃく》姓《しょう》ら数百人が甲冑に身を固め、さらに弓矢を携えて、丹生屋村に乱入し、畠の麦を刈り取ったり、家々を襲撃したりするなどの狼藉《ろうぜき》を行っていたのである。名手荘は高野山《こうやさん》領、丹生屋村は粉河寺《こかわでら》領と領主を異にしていたため、事件は鎌倉幕府に持ち込まれ、守護代や紀伊国御家人たちによって「分水之料」(用水を分けるための設備)が設置されたが、現地の紛争はなお解決せず、この後も戦国時代に至るまで、名手荘と丹生屋村との戦いは断続している。

「あるいは甲冑を着し、あるいは弓箭を帯び」という名手荘の沙汰人・百姓らのいでたちや狼藉のありようは、この時代の武士たちの戦いの様子と変わるところはない。中世の農民たちも必要があれば武装し、戦ったのであり、弓矢の技量などは武士にもひけをとらなかったという。さらに注目されるのは、彼らが実力行使に及んだ理由が境界と用水をめぐる争いだったことである。すなわち自分たちの生活や権利を守るための戦いだったのであり、これまた先にみた中世の武士とまったく変わるところはない。このような戦いは、名手荘と丹生屋村との間だけではなく、中世の各地でみられたのである。

実は中世という時代は、武士だけではなく、農村の百姓も含めたすべての人びとが、自分の身の安全や権利は自分自身で守らなければならない「自力救済《じりききゆうさい》」の時代であった。権利が侵害された場合は、幕府や朝廷の法廷に訴えて、その判決を獲得するというのも権利保護・確保の手段ではあったが、現代の裁判所と異なり、幕府も朝廷も判決の執行までは保証してくれなかった。幕府の場合、係争地を管轄国とする守護に対して判決の執行を命令する施行状《しぎょうじょう》を発給したが、それを実際に守護に届けるのは判決を受けた当事者の役割であった。裁判も、結局は自力救済だったのである。

このような自力救済の世界では、実力（武力）による問題の解決、すなわち戦いが大きな比重を占めざるをえなかった。政治権力をめぐる武士たちの一見華々しい戦乱の背後には、自力救済という社会慣行に強いられた、権利をめぐる切実な戦いが広がっていたのである。

†軍事動員

ところで、実力（武力）行使に及ぶ場合には相応の軍勢を集める必要がある。先にみた名手荘の場合は荘内の沙汰人や百姓数百人が動員されていた。名手荘と丹生屋村は一四六七年（応仁元）にも大規模な武力衝突に及んでいるが、この時は双方、周辺の村々に援軍を要請している。では幕府や戦国大名はどのように軍事動員を行っていたのであろうか。

鎌倉幕府の軍事動員の基本は、御家人に対する動員命令である。一一八九年（文治五）に鎌倉幕府が奥州藤原氏を攻め滅ぼした奥州合戦《おうしゅうかっせん》には、鎌倉幕府は二十八万騎以上の軍勢を動員したといわれている。また承久の乱の際は十九万騎の東国御家人が上洛したとされている。いずれも『吾妻鏡《あづまかがみ》』の伝えるところであり、にわかには信じがたいものの、かなりの数の軍勢が集まったことは間違いないところである。幕府の威勢のほどが知られるが、実は幕府が御家人たちに命じたのは、せいぜい「一族を率いて馳せ参ぜよ」といった程度のものにすぎなかった。奥州合戦の際に「戦えそうな連中を率いてこい」と命じた例（「島津家文書」）はあるものの、具体的な人数や武装を指示することはなかった。

鎌倉幕府の軍事動員で注目されるのは「異国征伐」である。第4講でみたように、文永の役の直後、鎌倉幕府はモンゴル軍の出撃拠点である高麗攻撃を計画し準備を進めたが、動員をかけた武士たちから従軍予定の兵員数と武装を報告させていたのである。同時に彼らの所領の田数を報告させていることも注意されるが、それは兵員数の報告と必ずしも連動するものではなかったらしい。また兵員数・武装の報告もあくまでも実勢把握にとどまっていた。おそらく彼らを戦地に輸送する船の調達に関わる調査だったと考えられる。船は軍勢の動員とは別に幕府が手配していたのである。

「異国征伐」計画にあたっても、鎌倉幕府は何らかの基準に基づいて兵員数や武装を指示することはなかったのであるが、対外戦争（外征）に際して、従来とは異なる軍事動員が試みられていた点は注意を要することである。

室町幕府の軍事動員もほぼ同様であったが、戦国時代になると、一部の戦国大名では具体的な指示が出されるようになる。小田原北条氏は軍事動員にあたって、「着到定書」と

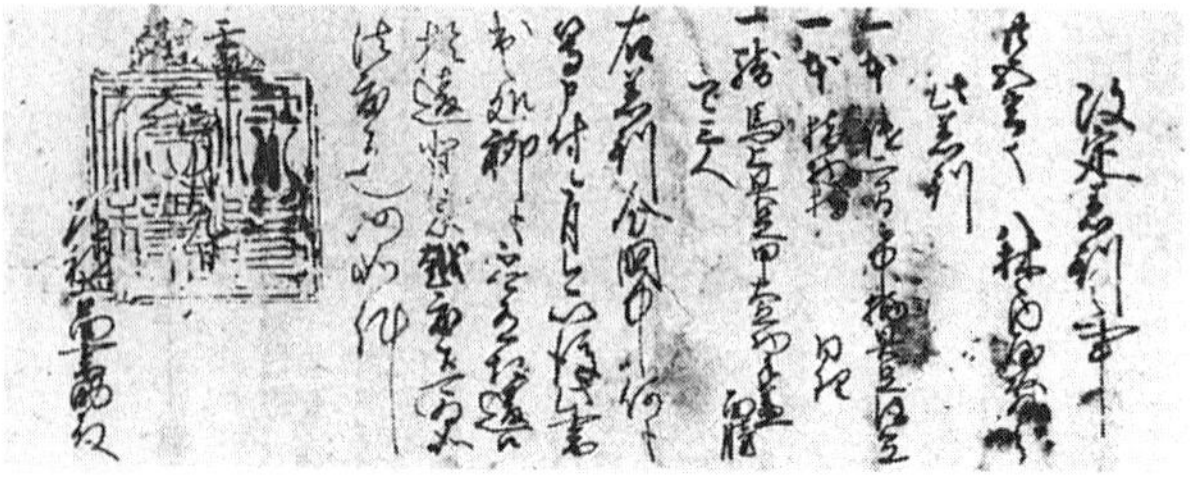

図２　着到定書（「道祖土文書」埼玉県立文書館寄託）

いう文書を家臣それぞれに発給して、彼らが引率すべき兵員数のみならず、それぞれの武装まで指示していた。すなわち騎馬兵の人数、また歩兵については弓・鉄砲・槍・旗持《はたもち》などの人数をそれぞれ詳細に規定しているのである。

こうした指示は家臣たちの知行高《ちぎょうだか》を基準に割り当てられていた。北条氏は領内の検地《けんち》を実施し、家臣たちの知行高を把握していたのである。一五五九年（永禄二）成立の「所領役帳《しょりょうやくちょう》」はその結果をまとめた帳簿で、家臣たちの知行地とその貫高《かんだか》（銭で表示された土地の規模ないし価値）が列記され、北条氏が彼らに軍役《ぐんやく》を賦課する際の台帳として利用された。小田原北条氏と攻防をくり広げた甲斐《かい》（現在の山梨県）の武田《たけだ》氏や越後《えちご》（現在の新潟県）の上杉《うえすぎ》氏も着到定書を発給して家臣たちに軍役を課していた。

こうした軍事動員方式を継承し、より大規模なものとしたのが豊臣秀吉《とよとみひでよし》であった。秀吉の軍事動員、軍隊について次にみてみよう。

†秀吉の軍隊

本能寺《ほんのうじ》の変《へん》後、明智《あけち》光秀《みつひで》や柴田《しばた》勝家《かついえ》、織田《おだ》信孝《のぶたか》（信長の子）を滅ぼし、織田《おだ》信長《のぶなが》に代わって天下人《てんかびと》の道を歩み始めた秀吉は、一五八三年（天正《てんしょう》一一）からみずからの分国で検地を開始する。秀吉が行った検地は村ごとに行われ、田畑や屋敷一筆ごとに石高《こくだか》（米の量で表示された土地の規模ないし価値）を算定して年貢納入責任者を定めるなど、独自の方式がとられ、太閤検地《たいこうけんち》と呼ばれている。秀吉はこれによって算出された石高に基づいて領国支配と家臣団編成を進め、さらに軍役の賦課も石高に基づいて行おうとしたのである。ただ太閤検地は一斉には進まず、秀吉の支配地域でも実施されたのは一部にとどまっていた（牧原成征「兵農分離と石高制」『岩波講座日本歴史10　近世1』岩波書店、二〇一四）。

一方、第13講で詳述されているように、一五八五年の四国攻めを皮切りに、秀吉は九州・東国・東北に大軍を送り込み、全国平定を実現する。注目されるのは、秀吉配下の武将のみならず、秀吉に服属した大名もこれらの戦争に動員されていることである。たとえば毛利《もうり》氏は四国攻めの少し前、紀州攻めから参戦している。また一五八六年に上洛し、秀吉に服属した徳川家康《とくがわいえやす》も、一五九〇年の小田原攻めに出陣している。全国平定の過程で、秀吉は諸大名の軍事動員を実質的に可能にしていたのである。

そうした動きを一気に加速したのが朝鮮出兵《ちょうせんしゅっぺい》文禄・慶長の役であった。秀吉は全国の大名に出陣を命じ、大名の知行高に基づく軍事動員を行おうとしたのである。ただし、この段階でも検地が実施されていた地域は一部にとどまっていた。そこで秀吉は一五九一年五月、全国に御前帳《おまえちょう》および郡絵図《ぐんえず》の作成・提出を命じている。御前帳とは国ないし郡単位で田畑・屋敷の面積・石高や川や山に課された役を集計したもので、この命令を機に各地で太閤検地が進められた。その一方で、それまでの収納高をもとに机上の操作で御前帳が調えられた所もあり、すべての村々で検地が実施されたとは考えられない。

とはいえ、御前帳の作成・提出により、秀吉と諸大名との間で統一的な石高知行制が成立した意味は大きい。全国の大名を構成員とする、いわば一個の巨大な軍隊が生み出されたのである。実際、朝鮮出兵ではこれに基づいて、諸大名に軍役が割り当てられている。なお、ここでも対外戦争（外征）が重要なきっかけになっていることが注目される。

†戦乱のゆくえ

あらためて秀吉の全国平定過程を振り返ると、九州攻め・小田原攻め・奥羽仕置《おううしおき》きのいずれにおいても、大名間の領土紛争は秀吉の裁定によるものとされ、実力（武力）による その改変は「私戦《しせん》」とみなされ、秀吉によって成敗されることになった。大名間の領土紛争とは、先にみた「国郡境目相論」のことであり、戦国大名にとって実力（武力）でそれを解決することは、みずからの権利を守る戦いであった。しかし、全国平定を進める秀吉はそうした戦いを認めなかったのである。

これまた先にみたように、権利を守るための戦いは中世の自力救済慣行に根ざすものであったことを考えると、秀吉の全国平定は中世社会への大きな挑戦であったともいえよう。問題は大名間の領土紛争にとどまらないのである。

そうした観点から注目されるのが、やはり秀吉が発令した喧嘩《けんか》停止令《ちょうじれい》である。村落間の紛争を自力で解決することを禁じたもので、これまた秀吉の全国平定過程と歩調をあわせて発令されたと考えられている。すなわち、秀吉は大名間紛争のみならず、広く社会一般の自力救済慣行を制御することを意図していたのである。そして、それを可能にしたのが秀吉の軍隊であった。秀吉の全国平定が巨大な軍隊の創出と表裏の関係で進められたことはそのことを意味していよう。

ただし、自力救済の制御が軍事力のみで可能であったのか、これはなお一考を要する問題である。社会の側にも制御を受け入れる（もしくは制御を呼び込む）条件や要素があったのではないかなど、中世社会の実態をさらにさぐってみる必要がある。

いずれにせよ、秀吉の全国平定によって、中世社会を律していた自力救済慣行は大きく制御されるようになり、権利をめぐる戦いは封じ込められていくことになる。秀吉没後、関ケ原の合戦および大坂冬の陣・夏の陣という政治権力をめぐる戦いを経て、天下人の地位は徳川家康にとってかわられるが、家康もその後継者たち（江戸《えど》幕府《ばくふ》）も秀吉の意図を引き継いでいった。こうして、戦乱の時代は終わりを告げることになったのである。

さらに詳しく知るための参考文献

川合康『源平合戦の虚像を剝ぐ』（講談社選書メチエ、一九九六／講談社学術文庫、二〇一〇）……治承・寿永の内乱を、戦場や実際に武器を持って戦った兵士のレベルからとらえなおした。藤木久志『雑兵たちの戦場―中世の傭兵と奴隷狩り』（朝日新聞社、一九九五／新版二〇〇五）もあわせ読みたい。

坂田聡・榎原雅治・稲葉継陽『日本の中世12 村の戦争と平和』（中央公論新社、二〇〇二）……中世の村の実態について、さまざまな角度から光をあてる。とくに村が自力救済の主体であったとし、村をめぐる戦いを正面から論じていることが注目される。

藤木久志『刀狩り』（岩波新書、二〇〇五）……教科書でも有名な刀狩が百姓たちの武装解除ではなかったことを明らかにする。民衆の武力と政治権力との関係について、近代まで見すえた長期的な視野から論じる。

高橋典幸・山田邦明・保谷徹・一ノ瀬俊也『日本軍事史』（吉川弘文館、二〇〇六）……古代から近現代に至る日本列島をめぐる戦争や軍隊をめぐる歴史を、それらを支えたシステムや技術などに注目しながら概説する。

編・執筆者紹介

高橋典幸（たかはし・のりゆき）【編者／はじめに・第4講・第15講】
一九七〇年生まれ。東京大学大学院人文社会系研究科准教授。東京大学大学院人文社会系研究科博士課程中退。博士（文学）。専門は日本中世史。著書『鎌倉幕府軍制と御家人制』（吉川弘文館）、『源頼朝――東国を選んだ武家の貴公子』（山川出版社　日本史リブレット）、『中世史講義――院政期から戦国時代まで』（共編著、ちくま新書）、『日本軍事史』（共著、吉川弘文館）など。

＊

佐伯智広（さえき・ともひろ）【第1講】
一九七七年生まれ。帝京大学文学部講師。京都大学大学院人間・環境学研究科博士後期課程修了。博士（人間・環境学）。専門は日本中世史。著書『中世前期の政治構造と王家』（東京大学出版会）、『皇位継承の中世史――血統をめぐる政治と内乱』（吉川弘文館）など。

下村周太郎（しもむら・しゅうたろう）【第2講】
一九八一年生まれ。早稲田大学文学学術院准教授。早稲田大学大学院文学研究科博士後期課程修了。博士（文学）。専門は日本中世史。論文「鎌倉幕府の草創と二つの戦争」（高橋典幸編『生活と文化の歴史学5　戦争と平和』竹林舎）、「日本中世の戦争と祈禱」（『鎌倉遺文研究』一九号）など。

田辺　旬（たなべ・じゅん）【第3講】
一九八一年生まれ。東京都立浅草高等学校教諭。大阪大学大学院文学研究科博士前期課程修了。専門は日本中世史。論文「北条義時」（平雅行編『公武権力の変容と仏教界』清文堂）、「北条政子発給文書に関する一考察」（『ヒストリア』二七三号）など。

西田友広（にした・ともひろ）【第5講】
一九七七年生まれ。東京大学史料編纂所准教授。東京大学大学院人文社会系研究科博士課程中退。博士（文学）。専門は日本中世史。著書『鎌倉幕府の検断と国制』（吉川弘文館）、『悪党召し捕りの中世――鎌倉幕府の治安維持』（吉川弘文館）など。

杉山一弥（すぎやま・かずや）【第6講】
一九七三年生まれ。國學院大學文学部兼任講師。國學院大學大学院文学研究科日本史学専攻博士課程後期単位取得満期退学。博士（歴史学）。専門は日本中世史。著書『室町幕府の東国政策』（思文閣出版）、共編『室町遺文』関東編（東京堂出版）、編著『図説鎌倉府』（戎光祥出版）など。

阿部能久（あべ・よしひさ）【第7講】
一九七二年生まれ。聖学院大学人文学部准教授。筑波大学大学院博士課程歴史・人類学研究科単位取得退学。博士（文学）。専門は日本中世史。著書『戦国期関東公方の研究』（思文閣出版）、『那須与一伝承の誕生』（共著、ミネルヴァ書房）、『関東戦国全史』（共著、洋泉社）など。

大薮　海（おおやぶ・うみ）【第8講】
一九八二年生まれ。お茶の水女子大学基幹研究院人文科学系准教授。慶應義塾大学大学院文学研究科後期博士課程単位取得退学。博士（史学）。専門は日本中世史。著書『室町幕府と地域権力』（吉川弘文館）、論文「室町幕府―権門寺院関係の転換点――康暦の強訴と朝廷・幕府」（中島圭一編『十四世紀の歴史学――新たな時代への起点』高志書院）、「康暦の強訴終結後の混乱と南都伝奏の成立」（『お茶の水史学』六二号）など。

山田康弘（やまだ・やすひろ）【第9講】
一九六六年生まれ。小山工業高等専門学校非常勤講師。学習院大学大学院人文科学研究科博士後期課程修了。博士（史学）。専門は日本中世史。著書『戦国期室町幕府と将軍』（吉川弘文館）、『戦国時代の足利将軍』（吉川弘文館）、『足利義稙――戦国に生きた不屈の大将軍』（戎光祥出版）、『足利義輝・義昭――天下諸侍、御主に候』（ミネルヴァ書房）など。

菊池浩幸（きくち・ひろゆき）【第10講】
一九六七年生まれ。公益財団法人前田育徳会主幹。一橋大学大学院経済学研究科博士後期課程単位取得退学。専門は日本中世史。論文「戦国期「家中」の歴史的性格――毛利氏を事例に」（『歴史学研究』七四八）、「戦国大名毛利氏と兵糧――戦国大名領国の財政構造の特質」（『一橋論議』一二三―六）など。

久保健一郎（くぼ・けんいちろう）【第11講】
一九六二年生まれ。早稲田大学文学学術院教授。早稲田大学大学院文学研究科博士後期課程満期退学。博士（文学）。専門は日本中世史、戦国史。著書『戦国大名と公儀』『戦国時代戦争経済論』（以上、校倉書房）、『戦国大名の兵粮事情』（吉川弘文館）、『中近世移行期の公儀と武家権力』（同成社）など。

金子 拓（かねこ・ひらく）【第12講】
一九六七年生まれ。東京大学史料編纂所准教授。東北大学大学院文学研究科博士課程後期修了。博士（文学）。専門は日本中世史。著書『織田信長権力論』（吉川弘文館）、『織田信長〈天下人〉の実像』（講談社現代新書）、『織田信長という歴史――『信長記』の彼方へ』（勉誠出版）、『信長家臣明智光秀』（平凡社新書）など。

平井上総（ひらい・かずさ）【第13講】
一九八〇年生まれ。藤女子大学文学部准教授。北海道大学大学院文学研究科博士後期課程修了。博士（文学）。専門は日本中世史。著書『長宗我部氏の検地と権力構造』（校倉書房）、『長宗我部元親・盛親』（ミネルヴァ書房）、『兵農分離はあったのか』（平凡社）など。

津野倫明（つの・ともあき）【第14講】
一九六八年生まれ。高知大学教育研究部人文社会科学系教授。北海道大学大学院文学研究科博士後期課程修了。博士（文学）。専門は日本中・近世史。著書『長宗我部氏の研究』（吉川弘文館）、『長宗我部元親と四国』（吉川弘文館）、

論文「朝鮮出兵の原因・目的・影響に関する覚書」（高橋典幸編『生活と文化の歴史学5　戦争と平和』竹林舎）など。

ちくま新書
1485

中世史講義《ちゅうせいしこうぎ》【戦乱《せんらん》篇】

二〇二〇年四月一〇日　第一刷発行

編　者　高橋典幸（たかはし・のりゆき）

発行者　喜入冬子

発行所　株式会社 筑摩書房
東京都台東区蔵前二-五-三　郵便番号一一一-八七五五
電話番号〇三-五六八七-二六〇一（代表）

装幀者　間村俊一

印刷・製本　株式会社 精興社

ISBN978-4-480-07310-5 C0221

ちくま新書

1300
古代史講義 ――邪馬台国から平安時代まで
佐藤信 編
古代史研究の最新成果と動向を一般読者にわかりやすく伝えるべく15人の専門家の知を結集。列島史の全体像が1冊でつかめる最良の入門書。参考文献ガイドも充実。

1391
古代史講義【戦乱篇】
佐藤信 編
日本の古代を大きく動かした15の戦い・政争を最新研究に基づき正確に叙述。通時的に歴史展開を見通すとともに、時代背景となる古代社会のあり方を明らかにする。

1480
古代史講義【宮都篇】
佐藤信 編
飛鳥の宮から平城京・平安京などの都、太宰府、平泉まで古代の代表的宮都を紹介。最新の発掘・調査成果をもとに都市の実像を明らかにし、古代史像の刷新を図る。

1378
中世史講義 ――院政期から戦国時代まで
高橋典幸 編　五味文彦 編
日本史の先端研究者の知を結集。政治・経済・外交・社会・文化など十五の重要ポイントを押さえるかたちで中世史を俯瞰する。最新の論点が理解できる、待望の通史。

1469
近世史講義 ――女性の力を問いなおす
高埜利彦 編
第一線の実証史学研究者が最新研究に基づき江戸時代の実像に迫る。特に女性が持った力と果たした役割を多角的に検証。通史としても読める全く新しい形の入門書。

1369
武士の起源を解きあかす ――混血する古代、創発される中世
桃崎有一郎
武士はどこでどうやって誕生したのか。日本を長期間統治した彼らのはじまりは「諸説ある」として不明とされていた。古代と中世をまたぎ、日本史最大級の謎に挑む。

1093
織田信長
神田千里
信長は「革命児」だったのか？　近世へ向けて価値観が大転換した戦国時代、伝統的権威と協調し諸大名や世間の評判にも敏感だった武将の像を、史実から描き出す。

ちくま新書

1207 古墳の古代史 ──東アジアのなかの日本　森下章司
社会変化の「渦」の中から支配者が出現した、古墳時代の中国・朝鮮・倭。一体何が起こったのか。日本と他地域の共通点と、明白な違いとは。最新考古学から考える。

1247 建築から見た日本古代史　武澤秀一
飛鳥寺、四天王寺、伊勢神宮などの古代建築群を手がかりに日本誕生に至る古代史を一望する。仏教公伝、皇祖神創造、生前退位は如何に三次元的に表現されたのか？

734 寺社勢力の中世 ──無縁・有縁・移民　伊藤正敏
最先端の技術、軍事力、経済力を持ちながら、同時に、国家の論理、有縁の絆を断ち切る中世の「無縁」所。第一次史料を駆使し、中世日本を生々しく再現する。

1471 室町の覇者 足利義満 ──朝廷と幕府はいかに統一されたか　桃崎有一郎
朝廷の支配者であり、幕府のトップ。その権力の源泉は儀礼の奥義と、無言の恫喝とジョークで、それは天皇まで翻弄した。知られざる義満の正体を深掘する。

618 百姓から見た戦国大名　黒田基樹
生存のために武器を持つ百姓。領内の安定に配慮する大名。乱世に生きた武将と庶民のパワーバランスとは──。戦国時代の権力構造と社会システムをとらえなおす。

1426 明智光秀と本能寺の変　渡邊大門
下克上の時代。なぜ明智光秀は織田信長を殺したのか。私怨だったのか、朝廷か足利義昭か、徳川家康の陰謀だったか……戦国ミステリーを明智の人生で読み解く。

1290 流罪の日本史　渡邊大門
地位も名誉も財産も剝奪された罪人は、縁もゆかりもない遠隔地でどのように生き延びたのか。彼らの罪とは。事件の背後にあった、闘争と策謀の壮絶なドラマとは。

ちくま新書

1309
勘定奉行の江戸時代
藤田覚
家格によらず能力と実績でトップに立てた勘定所。財政を支える奉行のアイデアとは。年貢増徴策、新財源探し、禁断の貨幣改鋳、財政積極派と緊縮派の対立……。

1096
幕末史
佐々木克
日本が大きく揺らいだ激動の幕末。そのとき何が起き、何が変わったのか。黒船来航から明治維新まで、日本の生まれ変わる軌跡をダイナミックに一望する決定版。

1101
吉田松陰
——「日本」を発見した思想家
桐原健真
2015年大河ドラマに登場する吉田松陰。維新の精神的支柱でありながら、これまで紹介されてこなかった思想家としての側面に初めて迫る、画期的入門書。

948
日本近代史
坂野潤治
この国が革命に成功し、わずか数十年でめざましい近代化を実現しながら、やがて崩壊へと突き進まざるをえなかったのはなぜか。激動の八〇年を通観し、捉えなおす。

1210
日本震災史
——復旧から復興への歩み
北原糸子
度重なる震災は日本社会をいかに作り替えてきたのか。有史以来、明治までの震災の復旧・復興の事例に焦点を当て、史料からこの国の災害対策の歩みを明らかにする。

1318
明治史講義【テーマ篇】
小林和幸編
信頼できる研究を積み重ねる実証史家の知を結集。20のテーマで明治史研究の論点を整理し、変革と跳躍の時代を最新の観点から描き直す。まったく新しい近代史入門。

1319
明治史講義【人物篇】
筒井清忠編
西郷・大久保から乃木希典まで明治史のキーパーソン22人を、気鋭の専門研究者が最新の知見をもとに徹底分析。確かな実証に基づく、信頼できる人物評伝集の決定版。

ちくま新書

1136
昭和史講義
――最新研究で見る戦争への道
筒井清忠編

なぜ昭和の日本は戦争へと向かったのか。複雑きわまる戦前期を正確に理解すべく、俗説を排して信頼できる史料に依拠。第一線の歴史家たちによる最新の研究成果。

1194
昭和史講義2
――専門研究者が見る戦争への道
筒井清忠編

なぜ戦前の日本は破綻への道を歩んだのか。その原因をより深く究明すべく、二十名の研究者が最新研究の成果を結集する。好評を博した昭和史講義シリーズ第二弾。

1266
昭和史講義3
――リーダーを通して見る戦争への道
筒井清忠編

昭和のリーダーたちの決断はなぜ戦争へと結びついたのか。近衛文麿、東条英機ら政治家・軍人のキーパーソン15名の生い立ちと行動を、最新研究によって跡づける。

1341
昭和史講義【軍人篇】
筒井清忠編

戦争の責任は誰にあるのか。東条英機、石原莞爾、山本五十六ら、戦争を指導した帝国陸海軍の軍人たちの実像を最新研究をもとに描きなおし、その功罪を検証する。

1421
昭和史講義【戦前文化人篇】
筒井清忠編

柳田、大拙、和辻ら近代日本の代表的知性から谷崎、乱歩、保田與重郎ら文人まで、文化人たちは昭和戦前期をいかに生きたか。最新の知見でその人物像を描き出す。

983
昭和戦前期の政党政治
――二大政党制はなぜ挫折したのか
筒井清忠

政友会・民政党の二大政党制はなぜ自壊したのか。軍部台頭の真の原因を探りつつ、大衆政治・劇場型政治が誕生した戦前期に、現代二大政党制の混迷の原型を探る。

1184
昭和史
古川隆久

日本はなぜ戦争に突き進んだのか。私たちは、何を失い、何を手にしたのか。開戦から敗戦、復興、そして高度成長へと至る激動の64年間を、第一人者が一望する決定版！

ちくま新書

957
宮中からみる日本近代史
茶谷誠一
戦前の「宮中」は国家の運営について大きな力を持っていた。各国家機関の思惑から織りなされる政策決定を見直し、大日本帝国のシステムと軌跡を明快に示す。

1161
皇室一五〇年史
浅見雅男
岩井克己
歴代天皇を悩ませていたのは何だったのか。皇位継承、宮家消滅、結婚トラブル、財政問題——様々な確執やスキャンダルを交え、近現代の皇室の真の姿を描き出す。

1224
皇族と天皇
浅見雅男
日本の歴史の中でも特異な存在だった明治以降の皇族。彼らはいかなる事件を引き起こし、天皇を悩ませてきたか。近現代の皇族と天皇の歩みを解明する通史決定版。

1271
天皇の戦争宝庫
——知られざる皇居の靖国「御府」
井上亮
御府と呼ばれた五つの施設は「皇居の靖国」といえる。しかし、戦後その存在は封印されてしまった。皇居に残された最後の禁忌を描き出す歴史ルポルタージュ。

457
昭和史の決定的瞬間
坂野潤治
日中戦争は軍国主義の後ではなく、改革の途中で始まった。生活改善の要求は、なぜ反戦の意思と結びつかなかったのか。日本の運命を変えた二年間の真相を追う。

1127
軍国日本と『孫子』
湯浅邦弘
日本の軍国化が進む中、精神的実践的支柱として利用された『孫子』。なぜ日本は下策とされる長期消耗戦を辿り、敗戦に至ったか？　中国古典に秘められた近代史！

1132
大東亜戦争　敗北の本質
杉之尾宜生
なぜ日本は戦争に敗れたのか。情報・対情報・兵站の軽視、戦略や科学的思考の欠如、組織の制度疲労——多くの敗因を検討し、その奥に潜む失敗の本質を暴き出す。

ちくま新書

1206
銀の世界史
祝田秀全
世界中を駆け巡った銀は、近代工業社会を生み世界経済の一体化を導いた。銀を読みといて、コロンブスから産業革命、日清戦争まで、世界史をわしづかみにする。

888
世界史をつくった海賊
竹田いさみ
スパイス、コーヒー、茶、砂糖、奴隷……歴史の陰には、常に奴らがいた。開拓の英雄であり、略奪者で厄介者でもあった〝国家の暴力装置〟から、世界史を捉えなおす！

1306
やりなおし高校日本史
野澤道生
「1192つくろう鎌倉幕府」はもう使えない！　新たな解釈により昔習った日本史は変化を遂げているのだ。ヤマト政権の時代から大正・昭和まで一気に学びなおす。

994
やりなおし高校世界史
——考えるための入試問題8問
津野田興一
世界史は暗記科目なんかじゃない！　大学入試を手掛かりに、自分の頭で歴史を読み解けば、現在とのつながりが見えてくる。高校時代、世界史が苦手だった人、必読。

1082
第一次世界大戦
木村靖二
第一次世界大戦こそは、国際体制の変化、女性の社会進出、福祉国家化などをもたらした現代史の画期である。戦史的経過と社会的変遷の両面からたどる入門書。

935
ソ連史
松戸清裕
二〇世紀に巨大な存在感を持ったソ連。「冷戦の敗者」「全体主義国家」の印象で語られがちなこの国の内実を丁寧にたどり、歴史の中での冷静な位置づけを試みる。

1278
フランス現代史　隠された記憶
——戦争のタブーを追跡する
宮川裕章
第一次大戦の遺体や不発弾処理で住めない村。第二次大戦の対独協力の記憶。見捨てられたアルジェリアのフランス兵アルキ……。等身大の悩めるフランスを活写。